Raumschmuck

Floraler Raumschmuck besteht aus pflanzlichen Werkstoffen,
die manchmal auch mit künstlichem Material kombiniert werden.
Abhängig von den Werkstoffen und vom Gestaltungsziel
werden unterschiedliche Techniken verwendet.

Per, Max und Tomas

Kreativ mit Blumen

Raumschmuck

Per Benjamin
Max van de Sluis
Tomas De Bruyne

life³

Ulmer

Girlande

Die Geschichte der floralen Raumdekoration

Blumen sind ein Teil der Geschichte der Menschheit, sie werden von jeher wegen ihrer Schönheit geschätzt und als kreatives Ausdrucksmittel eingesetzt. Seit die ersten Menschen sesshaft wurden und Behausungen errichteten, verwendeten sie Blumen zur Dekoration, als Festschmuck und für Opfergaben. Mal waren es einzelne Blüten, mal aufwändigere Werkstücke. Es scheint uns ein natürliches Bedürfnis zu sein, unsere Wohnungen zu schmücken und zu verschönern und dazu auf die Schätze der Natur zurückzugreifen, die für uns so bedeutend ist. Neben der reinen Schönheit spielt aber auch die Bedeutung eine Rolle, die den Blumen von Göttern und Priestern, Königen und Dichtern verliehen wurde. Über lange Zeitphasen hinweg wurden sie von den verschiedenen Religionen zum Schmuck von Tempeln und Kirchen verwendet. Könige setzten sie als Symbole ihrer Macht ein, reiche Adlige als Zeichen ihres Wohlstands. Höhlenmalereien beweisen, dass Blumenschmuck schon zu prähistorischer Zeit eine Rolle spielte. Aus jüngerer Vergangenheit stammen Wandbilder, Gemälde und Fresken, aber auch schriftliche Dokumente, die Zeugnis von der Vielfalt der floralen Dekoration ablegen. Anfangs streute man einfach Blütenblätter aus oder schmückte die Räume hauptsächlich mit Girlanden und Kränzen. Später – bis in unsere Zeit – entwickelten sich aufwändigere Arrangements und Installationen, die von großer Kreativität zeugen. Unternehmen Sie mit uns einen Streifzug durch die Geschichte des floralen Raumschmucks, um mehr über die Entwicklung von Techniken und Stilen zu erfahren, die historischen Zusammenhänge zu verstehen und Inspirationen zu gewinnen.

Die Geschichte des floralen Raumschmucks reicht 6000 Jahre zurück bis nach Mesopotamien, das Land zwischen Euphrat und Tigris. Priester und Könige schätzten Girlanden und Kränze, die ältesten Werkstücke unseres Berufsstandes, die damals von geschickten Gärtnern oder Floristen gebunden wurden. Wandbilder aus jener Zeit zeigen die ganze Pracht des damaligen Blumenschmucks. Dekorative Girlanden und Kränze an Wänden, auf Altären und Tischen dienten als reine Dekoration, als Opfergaben für die Götter, aber auch, um Siege und Sieger zu feiern. Eindrucksvoller sind die Funde aus dem alten Ägypten, die Aufschluss über die damalige Bedeutung des Blumenschmucks, aber auch über die verwendeten Techniken und Materialien geben. Neben Abbildungen wurden über 4000 Jahre alte, konservierte Blüten gefunden, die noch kaum verblichen sind. Beim Öffnen des Grabes des Pharao Tut en'ch Amun entdeckte man hinreißende, unversehrt getrocknete Blumendekorationen. Damals verwendete man unter anderem Chrysantheme, Olive, Rose, Mohn, Rittersporn, Flockenblume und vor allem Seerosen (Nymphaea). Interessanterweise wurden in den Werkstücken neben Blüten auch Früchte und Gemüse verarbeitet. Blüten wurden im Ganzen verwendet oder zerlegt. Manchmal wurden die Blütenblätter lediglich nach Geschmack oder Farbempfinden kombiniert, manchmal auch entsprechend der religiösen Bedeutung der einzelnen Blüten, von denen die Seerose die heiligste war. Die damals üblichen Binde- und Flechttechniken mit Papyrusfasern ähneln denen, die noch heute angewandt werden. Besonders kunstvolle Werkstücke wurden genäht. Man legte verschiedene Materialien, darunter Blütenblätter und ganze Blüten, auf ein Blatt, das längs zusammengefaltet und mit einem Faden vernäht wurde. Kränze hatten als Dekoration und auch als Opfergabe für Götter und Ahnen besonderen Stellenwert. Als Symbol für

Ägyptische Girlande

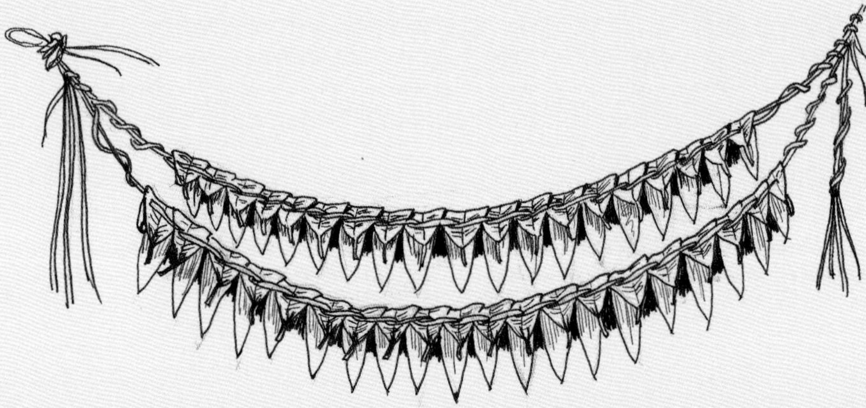

die Ewigkeit und den stetigen Wechsel von Sonnenauf- und -untergang waren sie Ra geweiht, dem Gott der lebensspendenden Sonne. Tempel und Paläste waren reich verziert. Man umwickelte Säulen mit Girlanden oder hängte sie zwischen ihnen auf, man schmückte Altäre und Wände mit Kränzen und betonte mit ihnen die Architektur, die Wandbilder und Farben. Bei Festen verwendete man Girlanden zur Dekoration von Wänden und Decken, man wand sie um Karaffen und Platten und schmückte die Tische mit Kränzen oder ausgestreuten Blütenblättern. Gäste erhielten zur Begrüßung einen Kranz, während sie ihrerseits dem Gastgeber Sträuße überreichten.

Ähnlich war der Umgang mit Blumenschmuck auch in der griechischen Antike. Dort waren jeder Gottheit spezifische Pflanzen zugeordnet, die wir noch heute in bestimmten Kontexten verwenden. Rote und weiße Rosen standen für die Liebesgöttin Aphrodite, Zypressen für den Todesgott Hades und weiße Lilien für dessen Gattin Persephone, die Göttin der Verstorbenen. Dionysos, der Gott der Fruchtbarkeit, des Weins und der Feste, hatte Efeu und Weinlaub als Symbol, und Hymenaios, der Gott der Ehe, die Myrte. Kränze und Girlanden aus Laub und Blüten (oder manchmal nur aus Laub) wurden als Schmuck für Tempel und Götterstatuen und als Opfergaben verwendet. Als in späterer Zeit Blumen vermehrt kultiviert wurden und Alexander der Große neue Arten aus Persien ins Land brachte, begannen auch die einfachen Menschen, ihre Häuser und Tische mit Sträußen, Girlanden und Kränzen zu schmücken. Blumen wurden sogar für Mitteilungen verwendet. So verkündeten Olivenzweige an der Haustür die Geburt eines Sohnes, Veilchen die Geburt einer Tochter und Zypressenzweige einen Todesfall in der Familie. Junge Männer hängten Kränze als Zeichen ihrer Zuneigung an die Haustür der Familie ihrer Liebsten.

Im antiken Rom knüpfte man an die griechischen Traditionen an, führte die Techniken fort und verfeinerte sie. Doch wie so oft wurden sie letztlich bis ins Extreme übertrieben. Die Rose war die beliebteste Blume überhaupt. Ein Fest ohne Rosen war nicht denkbar. Blütenblätter wurden in Kissen gefüllt, man hängte Girlanden an die Wände oder zwischen Säulen, schmückte Karaffen und Tische mit Kränzen, fädelte Blüten-

Regen von Rosenblättern

blätter auf Schnüre, streute sie als dicken Teppich auf den Boden oder ließ sie auf die Gäste regnen. Angeblich sollen sogar Menschen in dem Rosenregen ertrunken sein. Es mag dahingestellt sein, ob es wirklich an den Rosen lag – oder am Wein, der natürlich mit Rosenblättern aromatisiert war. Das Vorbild des roten Teppichs, den wir noch heute kennen, waren die Blüten roter Rosen, die man dem Kaiser Julius Caesar zu Füßen streute. Man ging mit Rosen verschwenderisch um, und da der Bedarf aus italienischem Anbau nicht gedeckt werden konnte, brachte die alexandrinische Flotte zweimal monatlich Rosen aus Ägypten nach Rom. Neben Rosen verwendete man aber auch Lilien, Anemonen, Narzissen und Mondviole wegen ihrer schönen Farben und Düfte. Für Kränze und Girlanden fertigte man zunächst einen Unterbau aus dicken, geflochtenen Schnüren, auf den dann die Blüten gebunden oder genäht wurden. Blumenschmuck für Wände und Türen hatte eine Unterkonstruktion aus gebündeltem Heu oder Gras, der nur auf der Vorderseite mit Blüten besteckt war. Die Römer wussten um die Heilwirkung verschiedener Pflanzen, schrieben ihnen aber auch spirituelle Kraft zu und banden Kränze aus verschiedenen Kräutern, um ihre Häuser vor bösen Geistern zu schützen. Besonders bekannt sind die Efeukränze, die als Heilmittel gegen Katerbeschwerden galten.

Im Mittelalter war Blumenschmuck umstritten. Die christliche Kirche sagte heidnischen Traditionen den Kampf an. Da sie das Brauchtum, das mit Blumenschmuck zu tun hatte, aber nicht abschaffen konnte, vereinnahmte sie es kurzerhand und machte es sich zu eigen. Die Blumensymbolik und selbst einige Namen wurden so verändert, dass sie ins Konzept der Kirche passten. Die Rose, die bislang als Symbol der römischen Kaiser galt, wurde zum wichtigsten Sinnbild der Kirche. Die weiße Rose stand nun für die Jungfrau Maria, die rote Rose für Jesus Christus. Allerdings ging man mit

Mittelalterliches Mittelstück

Blumen nun wesentlich gemäßigter um und setzte sie nur zur Dekoration, nicht aber als Opfergabe ein. Während des gesamten Mittelalters war Europa von Kriegen, Armut und Seuchen gebeutelt und die einfachen Menschen hatten wenig Sinn für Blumenschmuck. Die Klöster und Kirchen jedoch hielten die Traditionen am Leben. Nur Könige und Adlige hatten in dieser Zeit die Mittel, Feste und Gelage zu veranstalten, bei denen die Tische prächtig geschmückt waren und Girlanden und Kränze an der Decke hingen. Damals war es auch üblich, duftende Blütenblätter auf den Boden zu streuen, um weniger angenehme Gerüche zu überdecken. Gärtnern und Floristen ging es nicht sonderlich gut, doch als am Ende des Mittelalters wieder mehr Blumen und Gebinde auf den Märkten angeboten wurden, schlossen sie sich zu Zünften wie den *Chapelier des Fleurs* in Paris zusammen. Dennoch ging man bei Weitem nicht so verschwenderisch mit Blumen um wie zu römischer Zeit.

In der Renaissance rückten Natur- und Geisteswissenschaften sowie die Künste wieder ins Zentrum des Interesses und man beschäftigte sich weniger mit dem Himmel als mit den Realitäten der Erde. Auch Blumen wurden wieder verstärkt geschätzt. Es gibt viele Dokumente, in denen aufwändige Feste detailliert beschrieben werden, ohne allerdings genauer auf den Blumenschmuck einzugehen. Wir dürfen jedoch annehmen, dass er großzügig war. Aus vorhandenen Zeugnissen können wir schließen, dass die Dekorationen immer kunstvoller und aufwändiger wurden. Es gab sogar ganze Miniaturgärten mit Hecken, Blumenwiesen, Brunnen, Statuen und darauf abgestimmten Kränzen und Girlanden. Blütenblätter, die auf Tische gestreut wurden, sind vermutlich die Vorläufer der bestickten und bedruckten Tischdecken unserer Zeit. Als technische Hilfsmittel für Gestecke setzte man gebündeltes Moos, Erde und häufig auch Lehm oder Ton ein.

Barockes Arrangement

Es gibt sogar Berichte, in denen von weiß gefrorenen Dekorationen die Rede ist, die während des Festessens schmolzen und erblühten. Blumenschmuck zog auch in die Häuser einfacherer Menschen ein, als es üblich wurde, Wohnungen mit Schränken und Tischen auszustatten. Hauptsächlich sah man Vasen mit einzelnen Blumen oder Sträußen, Kränze oder Topfpflanzen. Vor allem Stadtbewohner schätzten schon damals ein Stückchen Natur in den eigenen vier Wänden. Neben Kräutern und der allgegenwärtigen Rose verwendete man auch verschiedene Zwiebelblumen und arrangierte die Blumen vorzugsweise in Kombinationen von drei kontrastierenden Farben.

Mit der Entdeckung neuer Erdteile im 17. und frühen 18. Jahrhundert gelangten viele neue Pflanzenarten nach Europa. Die Menschen begeisterten sich für Botanik und vor allem in den Kolonialstaaten Frankreich, Belgien, Holland und England entwickelten sich ausgeprägte Moden, die bald ganz Europa erfassten. Rosen und Päonien aus China, Orchideen aus Südamerika, Zwiebelgewächse wie Fritillarien und Hyazinthen aus dem Nahen Osten standen hoch im Kurs. Tulpen begeisterten Sammler dermaßen, dass einige Arten zu begehrten Spekulationsobjekten wurden – fast wie Aktien heutzutage. Gemälde holländischer Künstler zeigen riesige, gemischte Blumenarrangements, die zu dieser Zeit in Mode waren. Allerdings konnten sich nur die wirklich Reichen solchen Raumschmuck leisten, der manchmal mehr kostete als ein Gemälde. Die Floristen setzten damals drei Haupttechniken ein. Entweder füllten sie ein Gefäß ausschließlich mit Blumen, bis ein harmonisches Bild entstand. Oder sie steckten zuerst Zweige und fügten dann Blüten dazwischen ein. Gelegentlich wurden Blumen auch in Kies oder Moos arrangiert, wobei zuerst mit einem Stock eine Vertiefung für die Blumen in das Steckmaterial gedrückt wurde. Neben diesen pompösen Arrangements wurden aber auch traditionelle Werkstücke für die Festivitäten der Könige und Adligen gefertigt. Üblich und relativ erschwinglich waren lockere Blumensträuße oder Vasen mit einzelnen Blüten. Im Barock, den man als »maskuline« Epoche bezeichnen könnte, waren hauptsächlich exotische Blüten mit ausdrucksvollem Charakter und intensiven Farben beliebt.

Rokoko-Arrangement

Das 18. Jahrhundert war eine Zeit der Blütenfülle. Der französische Hof gab in Europa den Ton an und die von Rousseau und anderen entfachte Begeisterung für die Natur führte dazu, dass zu festlichen Anlässen ganze Landschaften in Räumen gestaltet wurden. Decken und Wände, Tischdecken und Kleidung von Männern und Frauen, Tapeten, Keramik, Besteck – alles wurde mit Blumen geschmückt. Wicken, Rosen, Freesien, Flieder und Hyazinthen waren wegen ihres Duftes und ihrer femininen Zartheit besonders beliebt. Die floristischen Techniken entsprachen denen des Barock, nur das Prinzip der Vase in der Vase kam neu hinzu: Man stellte zwei, drei oder mehr Vasen ineinander und steckte die Blumen in die Zwischenräume zwischen den Gefäßen. Wer sich keine echten Blumen leisten konnte, verwendete Blüten aus Stoff und Papier, die damals von vielen Frauen – reichen wie armen – selbst hergestellt wurden. Als neue Mode setzte sich die zentrale, große Tischdekoration durch, kombiniert mit Girlanden, die in Bögen oder Schlangenlinien über den Tisch drapiert wurden. Weich geschwungene, eher an der Natur orientierte Linien und hellere, feminine Farben waren typisch für die Ära des Rokoko. Bis vor etwa 200 Jahren war floraler

Tischdekoration aus 1800

Raumschmuck fast ausschließlich den begüterten Gesellschaftsschichten vorbehalten – den kirchlichen und weltlichen Würdenträgern wie Priestern, Königen und ihrem Gefolge. Nur sie verfügten über ausreichend Geld, um sich Blumen für Opfergaben, als Dekoration für religiöse Anlässe oder weltliche Feste zu leisten – und auf diese Weise auch ihre Macht zu dokumentieren.

Das 19. Jahrhundert brachte große Veränderungen. Weil das Blumenangebot auf den Märkten Europas größer wurde und die ersten Blumengeschäfte eröffneten, schmückten immer mehr einfache Menschen ihre Häuser. Auch das Floristenhandwerk erlebte durch diese Entwicklung einen Aufschwung und gewann zunehmende Anerkennung. Wieder einmal nahm Frankreich die Rolle des Trendsetters ein, als sich zur Zeit Napoleon Bonapartes der Stil des Empire in Europa ausbreitete. Er war strenger, am alten Ägypten und der römischen Antike orientiert, und zeichnete sich vor allem durch dunkle Stoffe aus, die für Möbelbezüge und üppige Fensterdraperien verwendet wurden. Überall in Europa sah man nun Zimmerpflanzen, oft auf speziellen »Blumentischen«, auf Säulen oder in riesigen Töpfen. Vor allem Palmen wurden geschätzt. Sehr beliebt waren auch Gestecke aus Trockenmaterialien, die in Sand arrangiert wurden. Solche Makart-Gestecke (benannt nach dem österreichischen Maler Hans Makart und später als Staubfänger verschrien) sah man in zunehmendem Maße auch in Privathäusern einfacherer Menschen. Zu festlichen Diners wurden Girlanden als Verbindung zwischen größeren Gestecken, auf Beistelltischen und Tischdecken bevorzugt. Auch der Biedermeier-Stil mit kegel- oder kuppelförmigen Arrangements aus streng kreisförmig angeordneten Blumen erlebte zu dieser Zeit eine Hochblüte.

Pflanzenarrangement

Die Beliebtheit von Blumenschmuck wuchs in der Romantik. Nun schätzte man natürliche, zwanglose Kreationen aus Wild- und Gartenblumen, die locker in Vasen, Töpfen und Krügen arrangiert wurden. Vor allem in England verwendete man im viktorianischen Zeitalter auch gern Körbe, in denen die Blumen aus Gründen der Standfestigkeit dicht an dicht gesteckt wurden. Für die nötige Feuchtigkeit sorgte ein Bett aus Moos auf dem Korbboden. Damals wurden die Blüten grundsätzlich gedrahtet, was den Floristen maximale Kontrolle über die Formgebung der Arrangements gewährte.

Makart-Arrangement

Ab 1900 entwickelte sich das Floristenhandwerk schnell. Immer öfter wurden spezielle Werkstücke für besondere Anlässe in Auftrag gegeben, etwa für Hochzeiten oder hohe Festtage wie Weihnachten oder Ostern – was den Stolz und das Selbstbewusstsein des Berufsstandes natürlich förderte. Neue Anbautechniken und Importe von der französischen und italienischen Riviera sorgten dafür, dass mehr und besseres Pflanzenmaterial zur Verfügung stand. Das Floristenhandwerk wurde zum offiziellen Ausbildungsberuf und Ausstellungen und Wettbewerbe trugen dazu bei, dass er zunehmend Anerkennung gewann. Es entstanden aufwändige Werkstücke in komplizierten Formen, etwa Kronen, Musikinstrumente, Kronleuchter und andere, die von Grund auf neu gestaltet wurden, sodass die Floristen auch die Handhabung der Materialien für die Unterkonstruktion beherrschen mussten. Häufig handelte es sich um Moos, das fest mit Draht umwickelt war. Manchmal verwendete man auch Holz- oder Metallkonstruktionen, die unter Blüten und Laub verborgen wurden. Trotz dieser neuen Entwicklungen blieben Kränze, Girlanden und Sträuße jedoch beliebt, weil sie auch für weniger Reiche erschwinglich waren.

Insgesamt wurden die Dekorationen größer und eindrucksvoller, immer öfter wurden auch ganze Pflanzen verwendet – gemischt oder einzeln, zumeist in Körben, die mit Bändern geschmückt wurden. Beliebt waren Azaleen, Begonien und im Winter Christrosen und Maiglöckchen. Allmählich traten Girlanden und Kränze in den Hintergrund, während sich Sträuße zunehmend durchsetzten. Dabei kristallisierten sich zwei verschiedene Bouquetformen heraus. Eine orientierte sich an der Natur und setzte auf eine bunte Mischung von Materialien, vorzugsweise Gartenblumen wie Päonien, Phlox, Gartenrosen, Gräser und Laub, die in offener Kegelform arrangiert wurden. Die andere war die strengere, exaktere Pyramidenform, für die meist nur eine Blütensorte – oft Rosen oder Nelken – zusammen mit Laub verwendet wurde. Manche dieser Pyramidenarrangements waren eher luftig, andere dicht gefügt, doch fast immer zeigten alle Blüten in eine Richtung, sodass diese Arrangements eine klar erkennbare Vorderseite hatten. In der ersten Hälfte des 20. Jahrhunderts änderte sich wenig. Die Floristen arbeiteten hauptsächlich mit Moos, Heu und Draht, was ihnen keine grünen, sondern meist schwarze Finger bescherte. Die Erfindung des Steckschaums in den 50er Jahren machte den Floristen die Arbeit wesentlich einfacher, doch stilistische Veränderungen bewirkte sie kaum. Noch immer herrschte der dekorative Stil vor.
Erst in den 70er Jahren zeichnete sich durch die verbesserte Ausbildung und die neue Wertschätzung modernen Designs eine rasche Veränderung, die auch die Heraus-

Nelkenarrangement

Gemischtes Arrangement

bildung verschiedener floristischer Stilrichtungen wie des formal-linearen und des vegetativen Stils nach sich zog. Der formal-lineare Stil, der sich zuerst neben dem dekorativen Stil durchsetzen konnte, basiert auf der Form von Blüten und Blättern und den Linien der Stiele und Zweige. Er lebt durch die Kontraste zwischen den Materialien, den Strukturen und vor allem den Farben. Im formal-linearen Stil wird die Bedeutung jedes einzelnen Materials gewürdigt, während es im dekorativen Stil stets um das Gesamtbild geht. Dieser neue Trend eröffnete den Floristen neue kreative Möglichkeiten, die sich auch in der wachsenden Vielfalt der Designs und Materialien ausdrückt. Der vegetative Stil ist ebenfalls eine eigenständige Richtung. Er orientiert sich an der Natur, den Lebensräumen, den Jahreszeiten und den Wuchsformen. Anfangs gestalteten die Floristen buchstäblich kleine Landschaften, doch später setzte sich eine Stilisierung und eine Reduzierung auf das Wesentliche einer Jahreszeit oder eines Lebensraums durch. In den 80er und 90er Jahren wurden zunehmend Zweige und andere botanische und künstliche Materialien mit linearem Charakter verwendet. So entwickelte sich der transparente Stil, in dem die Formensprache der Stiele und Zweige wichtiger ist als die Blüten. Transparente, luftige Arrangements aus überlappend verarbeiteten Materialien mit auf- oder absteigender oder in mehrere Richtungen weisender Linienführung standen hoch im Kurs bei den Floristen, deren Ausbildung und Materialfundus besser war als je zuvor. Angesichts der neuen Stilvielfalt war es umso wichtiger, über fundiertes theoretisches Wissen über Farben, Formen, Rhythmus, Kontrast und Proportionen zu verfügen, um eine eigene Ausdrucksform zu entwickeln und Werkstücke zu kreieren, die Mode, Raumcharakter und Wesen der Pflanzen in Einklang bringen. Mit der schnellen Entwicklung des Berufsstandes wuchs auch der Wunsch, mit neuen Blumen, Gründmaterialien und Accessoires zu experimentieren. Die Floristik wurde immer kreativer – und der Markt nahm die Produkte begeistert auf.

Heute zählt weniger die Zuordnung zu einem bestimmten Stil, sondern in erster Linie das Design und der persönliche Ausdruck. Allerdings bleiben Raumdekorationen, wie sie in diesem Buch gezeigt werden, noch immer den Reichen und Berühmten vorbehalten. Es sind Werkstücke für königliche Hochzeiten, offizielle Anlässe, Berühmtheiten und Staatsoberhäupter.
Die breite Bevölkerung setzt nach wie vor auf Sträuße – als Geschenk oder zur Verschönerung der eigenen Wohnung. Nicht immer sind solche Sträuße so gut auf den Raum abgestimmt, dass sie seinen Charakter unterstreichen. Dabei zeigt uns die Geschichte, dass Blumenschmuck eine wichtige Ergänzung des Interieurs ist. Florale Raumdekoration soll ein Ambiente abrunden, statt wie ein zufälliges Anhängsel zu wirken. In dieser Hinsicht ist es Zeit für eine Veränderung.
Wir drei sind überzeugt, dass den meisten Menschen nur einige Impulse fehlen, wie sie ihr Wissen und ihre Ideen mit dem großartigen Angebot an Blumen und anderen Materialien und Accessoires in Einklang bringen können. Die Einflüsse der Geschichte auf das floristische Design können uns Inspirationen für neue Werkstücke geben und so einen Markt erschließen, der den Bedürfnissen aller Menschen mit Sinn für schöne Interieurs gerecht wird.

Einzigartiger Raumschmuck für Individualisten

Man kennt Raumschmuck vor allem von Festlichkeiten, Partys und Hochzeiten, aber immer mehr Menschen wünschen sich Dekorationen für ihren Alltag. Wer sein Zuhause schmücken will, kann mehr tun, als nur einen Strauß auf den Tisch zu stellen. Lassen Sie uns diese interessante Welt entdecken!

Wie soll man einen Raum dekorieren? Jedes Mal ist es eine Herausforderung, die perfekte Harmonie zu finden, die dem Wunsch des Kunden entspricht. Das Ziel ist erst erreicht, wenn das Arrangement eins wird mit dem Raum. Es sollte ein Teil davon sein; wird es entfernt, erscheint das Zimmer nicht mehr komplett. Das ist das Wunderbare an Raumschmuck: Jedes Teil hängt vom Ganzen ab und umgekehrt. Die Art und Weise, wie Räume geschmückt werden, hat sich in den letzten Jahren verändert. Pflanzen oder Dekorationen werden so gewählt, dass sie zum Raum passen. Menschen legen mehr Wert darauf, ihre Persönlichkeit auszudrücken. Mit unseren Entwürfen können wir Menschen in unterschiedliche Stimmungen versetzen. Sogar ohne Blumen ist das Design ausdrucksstark. Was wir tun: Wir bringen die Natur zurück in unsere Wohnungen und genießen ihre Schönheit und ihre harmonische Kraft.

Das aktuelle Interesse für Wohnen und Design zeigt sich in Zeitschriften, Heimwerkerprogrammen und Vorher-Nachher-Shows im Fernsehen. Innenraumgestaltung ist zu einem wichtigen Hobby geworden. Eine ganz neue Kundengeneration wartet darauf, von uns – den Floristen – inspiriert und angeleitet zu werden! Dadurch ergeben sich für uns unvorstellbar viele Möglichkeiten! Wir müssen nur zeigen, was möglich ist und wie Blumen in einem Entwurf den ganzen Raum aufwerten können. Dafür brauchen wir die Aufmerksamkeit der Medien. Nur so können wir neues Interesse wecken und an den Trend anknüpfen, bevor er vorbei ist.

Aber was ist wirklich neu? Erstens die Einstellung des Betrachters, und zweitens neue Kombinationen und Situationen. Verwenden Sie neue Materialien – Beton, Plastik, Haushaltsgegenstände, Keramik, Steine … Die Liste ist beinahe endlos. Holen Sie sich Ideen für Formen, Techniken oder Entwürfe aus der Geschichte und machen Sie daraus etwas ganz anderes – aus alt wird neu. Raumdekorationen entwerfen ist wie Kunst schaffen. Das Kombinieren von Kunst und Blumen, Pflanzen und neuen Texturen stellt neue Anforderungen an uns. Dabei sind Wasserversorgung, Stabilität und Langlebigkeit wichtige Aspekte. Damit wir in diesem neuen Geschäftsfeld erfolgreich sind, brauchen wir gute handwerkliche Fertigkeiten, Gespür für Trends, aber auch Geschäftssinn.

All das ist wichtig, um neue Kunden zu gewinnen, aber wir dürfen unsere Stammkunden nicht vergessen. Deshalb sollten wir unsere traditionelle Art zu arbeiten nicht vergessen. Wir arbeiten mit Emotionen und unsere Werkstücke sollen die Persönlichkeit der Kunden, die sich auch in ihren Einrichtungen zeigt, widerspiegeln. Unser Können, unsere Ideen und unser Gespür für Emotionen sind der Schlüssel zum Erfolg. Einzigartige Entwürfe für Individualisten.

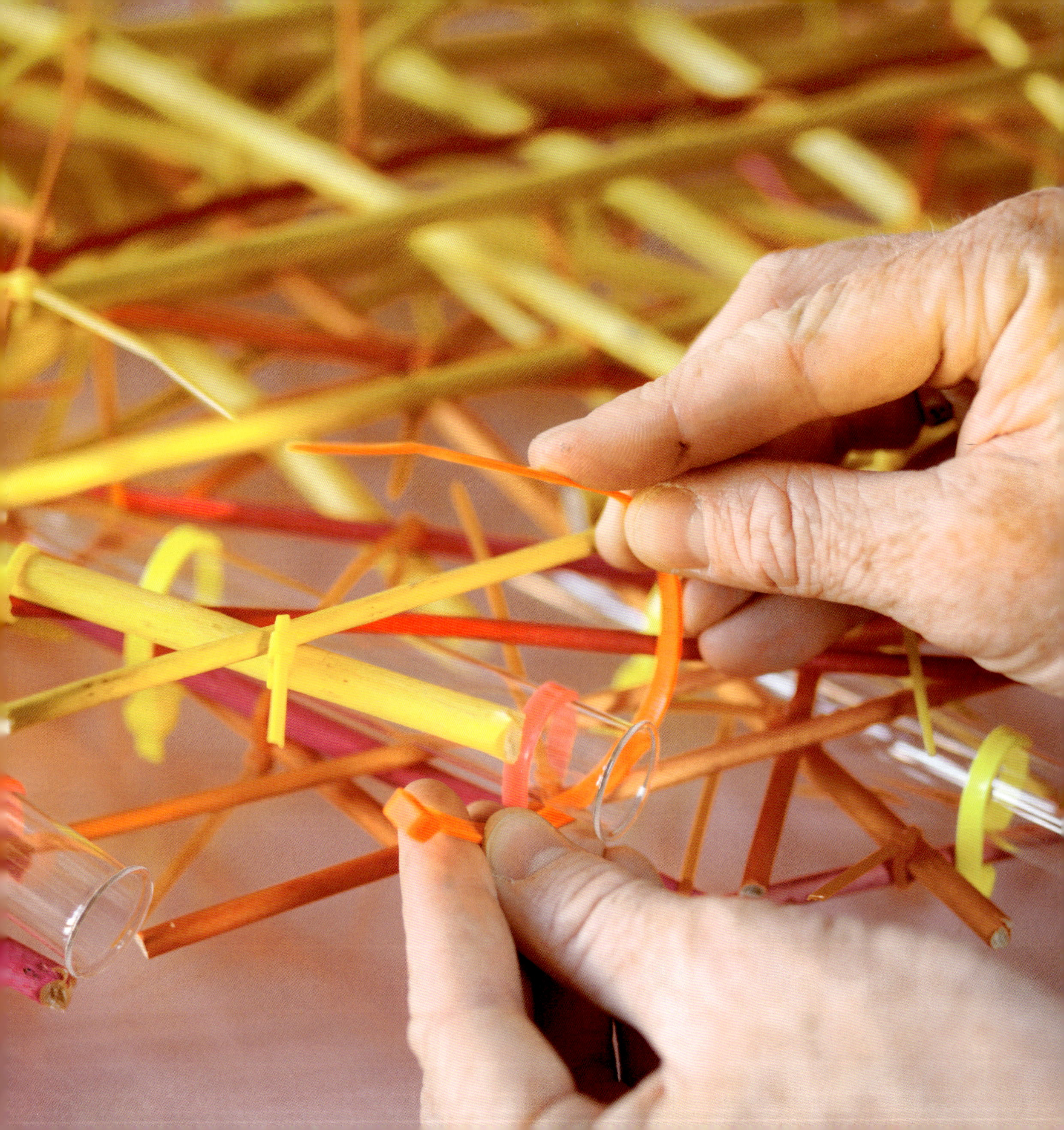

Schritt für Schritt

Skelett-Kugeln

Designer
Per

Materialien
Calla (Zantedeschia)
Bärengras (Xerophyllum asphodeloides)
Weizen (Triticum aestivum)
Rispenhirse (Panicum)
Johanniskraut (Hypericum)
Plastiktrinkhalme
Steckdrähte Stärke 18
Grüner Wickeldraht
Reagenzgläser oder kleinere Glasröhrchen

Design Solche Plastikkugeln sind praktisch, denn sie können viele Male benutzt werden. Vor allem aber bringen Sie kostbare Blüten, die Beachtung verdienen, gut zur Geltung. Die Gestaltungsmöglichkeiten hängen auch von der Farbe der Trinkhalme ab. Bei solchen Kompositionen sollten Sie lieber mit wenigen Materialien arbeiten statt mit zu vielen.

Technik Die Technik des Verzwirbelns von Drähten üben Sie am besten zuerst ohne Trinkhalme – also mit nackten Drähten. So bekommen Sie ein gutes Gefühl für die Arbeitsweise. Allerdings ist es mit Trinkhalmen einfacher! Achten Sie beim Verbinden der Drähte darauf, dass wirklich beide Enden umeinander gedreht werden.

Ausdruck Leicht, transparent, verspielt. Dieses Werkstück geht an die Grenzen des Machbaren und veranlasst die Betrachter, ihre Vorstellungen von floristischem Design zu überdenken. Es steht für Schönheit und ist eine Herausforderung an die Sinne.

Skelett-Kugeln

1
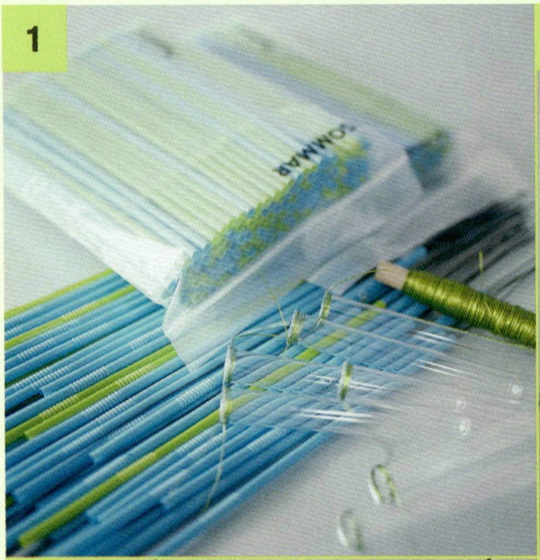

2

3
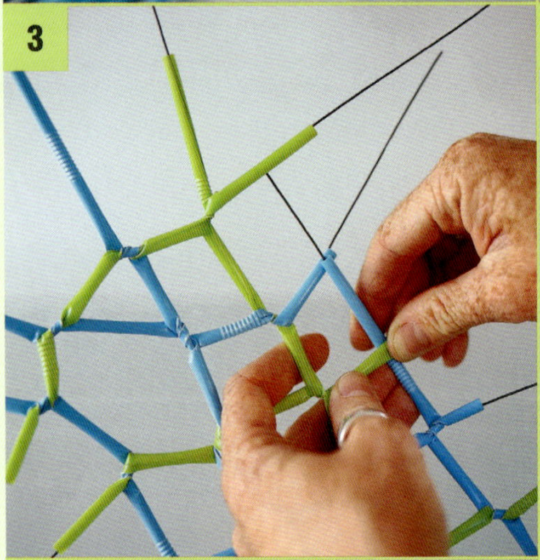

4
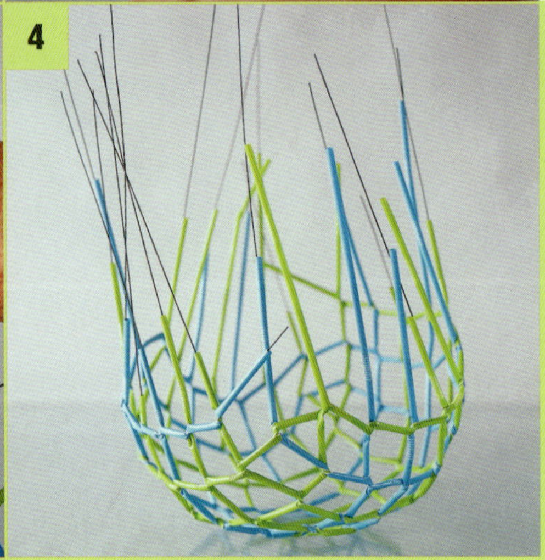

5

1 Schieben Sie in jeden Trinkhalm einen Steckdraht. Bereiten Sie die Glasröhrchen vor, indem Sie sie knapp unter dem Rand mit dünnem grünem Wickeldraht umwickeln.

2 Nehmen Sie zwei gedrahtete Trinkhalme, überkreuzen Sie sie in der Mitte und verdrehen Sie sie zweimal miteinander. Dieser Schritt ist sehr wichtig, um der Struktur die notwendige Stabilität zu geben.

3 Nehmen Sie weitere Trinkhalme hinzu, die ebenfalls überkreuzt und miteinander verdreht werden. Trinkhalme, die bereits miteinander verdreht sind, dürfen nicht nochmals miteinander verbunden werden. Fügen Sie stattdessen immer neue Halme hinzu, bis die gewünschte Größe erreicht ist.

4 Arbeiten Sie von unten nach oben und gleichmäßig zu allen Seiten hin. Je nach der gewünschten Form der Konstruktion können die Abstände zwischen den Strohhalmen auch verkleinert werden, um die Gesamtgröße zu reduzieren. Wählen Sie weitere Abstände, fällt die Konstruktion größer aus.

5 Um die offene Kugel fertig zu stellen, schneiden Sie alle Enden gleichmäßig ab. Dann werden die angedrahteten Glasröhrchen befestigt – einmal oben am Rand und noch einmal weiter unten, um sie zusätzlich zu sichern. Die Drahtenden wieder abschneiden und die Röhrchen mit Wasser füllen.

6 Wir haben zur Ausgestaltung Blüten und andere Materialien gewählt, die Bewegung vermitteln. Die Calla-Stiele werden einfach entsprechend der Kugelform gebogen. Einige Gräser werden so in das Gitter eingeflochten, dass die Ähren im oberen Drittel der Kugel verteilt sind.

Erika-Teppich

Designer
Per

Materialien
Topferika (Erica gracilis)
Auberginefarbene Calla (Zantedeschia)
Dahlia
Hirse (Panicum)
Steelgras
Johanniskraut (Hypericum)
Brombeeren (Rubus fruticosus)
Reagenzgläser
Wickeldraht
Bouillondraht
Floristen-Knetmasse
Deko-Nadeln
Verdunstungsschutzspray

Design Hier haben wir eine Beet- und Balkonpflanze für ein sehr flexibles Werkstück verwendet, dessen Form man immer wieder neu gestalten kann – als Kreis, Rechteck oder Schlangenlinie. Obendrein können die Schnittbumen ausgetauscht werden.
Technik Die Glasröhrchen sind mit verdrillen Drähten zu einer Art Teppich verbunden, der gleichermaßen stabil und flexibel ist. Die Röhrchen müssen dicht bedeckt sein, die Drähte werden fest umeinander gedreht. Das fertige Werkstück wird mit Verdunstungsschutzspray besprüht. Nach dem Trocknen kann es mit Klarlack oder Sprühkleber eingesprüht werden, damit es einen ganzen Herbst lang gut aussieht.
Ausdruck Die herbstliche Ausstrahlung von Erika in einem zeitgemäßen Arrangement passt in einen eher dunklen Raum oder auf einen rustikalen Eichentisch. Modern, aber ganz natürlich. Die frischen Blumen in wärmeren, helleren oder auch dunkleren Farben wirken wie die letzten Sonnenstrahlen des Jahres.

Erika-Teppich

1 Von der Topferika möglichst lange Stiele schneiden. Eine Pflanze reicht für etwa sechs Glasröhrchen.

2 Die Röhrchen mit schmalen Streifen Floristen-Knetmasse umwickeln, damit die Erika nicht verrutscht. Bedecken Sie die Röhrchen dicht an dicht mit Erika und umwickeln Sie sie dann erst mit dünnem violettfarbenem Draht und anschließend mit Bouillondraht in verschiedenen Farben.

3 Verkleiden Sie etwa 40 Röhrchen, ehe Sie sie miteinander verbinden. Dazu zwei mal zwei lange Stücke Wickeldraht im Abstand von 10 cm parallel auf die Arbeitsfläche legen und die Enden fixieren. Ein Röhrchen zwischen die zwei doppelten Drähte schieben, dann die Drähte mit jeweils zwei Umdrehungen fest verzwirbeln. Ein weiteres Röhrchen zwischen den Doppeldrähten dicht an das erste schieben, wieder die Drähte verdrillen. So fortfahren, bis ein langer „Teppich" entstanden ist. Die überstehenden Drahtenden an beiden Seiten abschneiden.

4 Stellen Sie den „Erikateppich" aufrecht auf den Tisch – am besten als Schlangenlinie, damit er nicht umfällt. Die Röhrchen mit Wasser füllen und einzelne Blüten so hineinstellen, dass sich die Linien der Stiele überschneiden.

5 Die Blütenstiele mit Beeren und Nadeln mit farbigen Köpfen stabilisieren. Stechen Sie dazu jede Nadel durch zwei oder drei Stiele und stecken Sie auf die Spitze eine Beere.

Herbst-Fackeln

Designer
Max

Materialien
Apfelzweige (Malus)
Schneeball (Viburnum opulus ‘Compactum’)
Weintrauben (Vitis vinifera)
Äpfel (Malus domestica)
Ziergurken (Cucumis)
Hagebutten (Rosa)
Brombeeren (Rubus fruticosus)
Chilischoten (Capsicum rannuum)
Messingdraht
Rottler (Werkzeug zum Verdrillen von Drähten)
Klebstoff, Floristen-Kaltkleber
Bohrer

Design Für diese Fackeln haben wir regionale Materialien der Saison verarbeitet. An einem schönen Sommertag könnten sie an einem Weg von draußen ins Haus Spalier stehen.
Technik Bei diesem Werkstück kommt es besonders auf die stabile Konstruktion an. Das Holz muss sicher befestigt werden. Verwenden Sie am besten trockene Zweige. Die Früchte werden ungleichmäßig angeordnet, die Farbverteilung sollte aber ausgewogen sein. Wir haben uns hier für Rot, Grün, Orange und Braun entschieden.
Ausdruck Mit diesem Werkstück wollten wir die typische Stimmung des frühen Herbstes einfangen. Durch die Verwendung von Zweigen und Früchten ist eine Dekoration entstanden, die eine gewisse Schwere besitzt und dennoch elegant wirkt.

1 Zuerst wird die Konstruktion angefertigt. Dazu bohren Sie in einen Stein ein Loch mit 8 mm Durchmesser. Schieben Sie eine Eisenstange mit 8 mm Durchmesser in das Loch und hämmern Sie sie fest.

2 Schneiden Sie aus den Apfelzweigen Stücke von 20 cm Länge zu und befestigen Sie diese mit Messingdraht und einem Rottler an der Eisenstange. Die Zweige müssen sehr sorgfältig befestigt werden, weil sie beim Trocknen schrumpfen. Am besten eignet sich altes, trockenes Holz.

3 Fixieren Sie das Holz zusätzlich mit Klebstoff an der Eisenstange und kneifen Sie die Ringe von den verdrillten Drähten ab.

4 Spießen Sie einige Äpfel und Hagebutten auf die verdrillten Drahtenden. Dann fixieren Sie die übrigen Früchte mit Kaltkleber. Die Früchte werden nicht gleichmäßig verteilt, sondern bunt gemischt. Für eine größere Gesamtkomposition könnten Sie gleich mehrere solcher Fackeln anfertigen.

Herbstliches Stillleben

Designer
Tomas

Materialien
Dahlien (Dahlia)
Aralienfruchtstände (Aralia)
Hirse (Panicum)
Federborstengras (Pennisetum)
Sonnenblumen-Samenstände (Helianthus annus)
Birnenzweig (Pyrus communis)
Kürbis mit grünlicher Schale (Cucurbita pepo)
Eckige Glasvasen
Strickgarn in zwei Farben

1

2

3

Design Für dieses dekorative Stillleben werden verschiedene herbstliche Pflanzenmaterialien kombiniert. Die Technik ist einfach – die Schwierigkeit besteht jedoch darin, ein harmonisches Arrangement zu kreieren. Lassen Sie sich von der Natur leiten.
Technik Suchen Sie interessant gewachsene Zweige aus, denn sie sind das Hauptelement dieses Werkstücks und sorgen für die optische Ausgewogenheit. Bei der weiteren Ausarbeitung geht es vor allem darum, verschiedene Pflanzenmaterialien feinfühlig zu kombinieren. Herbststimmung kommt durch die Farben zum Ausdruck, während die Wolle dem Werkstück eine taktile Dimension gibt.
Ausdruck Bei diesem Werkstück ging es uns darum, den Herbst ins Haus zu holen. So kann man das Geschehen in der Natur genießen, ohne aus dem Sessel aufzustehen.

1 Mehrere quadratische Vasen in verschiedenen Größen werden mit Wolle umwickelt. Interessanter sieht es aus, wenn Sie Wolle in verschiedenen Farben und Strukturen verwenden. Am besten stimmen Sie die Farben auf den Raum ab, in dem das Werkstück später stehen soll.

2 Stellen Sie einen Birnenzweig in die Vase. Hängen noch einige Birnen daran, lässt sich die Herbststimmung besonders gut vermitteln. Damit das Stillleben ganz natürlich wirkt, lassen Sie sich bei der weiteren Gestaltung von der Form des Zweiges leiten. Aus diesem Grund haben wir ihn in die rechte Vase gestellt.

3 Nun werden die verbleibenden Gefäße mit dem übrigen Pflanzenmaterial gefüllt: Gräser, Hirse, Federborstengras und Dahlien. Arrangieren Sie sie ganz locker und nehmen Sie die Natur als Vorbild. Ordnen Sie die Materialien nicht zu gleichen Gruppen, denn das sähe unnatürlich aus. Einige Birnen, ein grüner Kürbis und einige großen Sonnenblumen-Samenstände runden das Ensemble ab.

Hängender Blütenteppich

Designer
Max

Materialien
Holzplatte
Bohrmaschine
Farbe
Bouillondraht
Weihnachtsbaumkugeln
Verschiedene Orchideenpflanzen
Verschiedene Orchideenblüten
Gelbe Ruhmeskrone (Gloriosa)

Design Dieser hängende Teppich aus Pflanzen und Blüten verbreitet warme, exotische Stimmung im Raum und entspricht durch seine entspannte Ausstrahlung absolut dem Zeitgeist. Reizvoll ist er auch deshalb, weil er aus jedem Blickwinkel anders aussieht.
Technik Gehen Sie bei der Vorbereitung der Konstruktion planmäßig und systematisch vor, damit Sie die Drähte nicht verwechseln. Die Orchideenpflanzen müssen täglich mit Wasser besprüht werden, wechseln Sie gelegentlich auch das Wasser.
Ausdruck Hier haben wir eine exotische, hängende Blütenwiese gestaltet, die voll schimmernder Lichtreflexe steckt und aus jedem Blickwinkel eine neue Überraschung bietet. Die Art der Aufhängung ist ein interessantes optisches Spiel mit den Gesetzen der Schwerkraft.

1 Bohren Sie in ein Holzbrett in regelmäßigen Abständen kleine Löcher. Danach streichen Sie das Brett. Nun ziehen Sie Bouillondraht in zwei Farben durch die Löcher. Hängen Sie das Brett an die Decke und befestigen Sie mit Drähten Weihnachtsbaumkugeln an den Drahtenden. Arbeiten Sie dabei von der Mitte zu den Seiten und achten Sie darauf, dass alle Kugeln auf gleicher Höhe hängen und sicher festgebunden sind, denn sie müssen einiges Gewicht tragen.

2 Füllen Sie die Kugeln nun mit Wasser. Beginnen Sie wieder in der Mitte.

3 Waschen Sie die Orchideenwurzeln aus und befestigen Sie die Pflanzen auf den Kugeln, indem Sie sie zwischen die beiden Drähte schieben. Balancieren Sie die Pflanzen sorgfältig aus, damit die Kugeln gerade hängen.

4 Zum Schluss werden die Schnittblumen eingearbeitet. Auch sie werden durch die Befestigungsdrähte der Kugeln fixiert. Verwenden Sie nicht zu viele Materialien, sonst geht die Leichtigkeit dieser Installation verloren.

Muster, Anthurium und Paisley!

Designer
Per

Materialien
Anthurien (Anthurium andreanum)
Ziergurken (Cucumis)
Lindgrüne Stäbe
Zement
Getränkekartons
Kabelbinder
Reagenzgläser
Steckdrähte Stärke 18
Metallic-Engelshaar

1

2

3

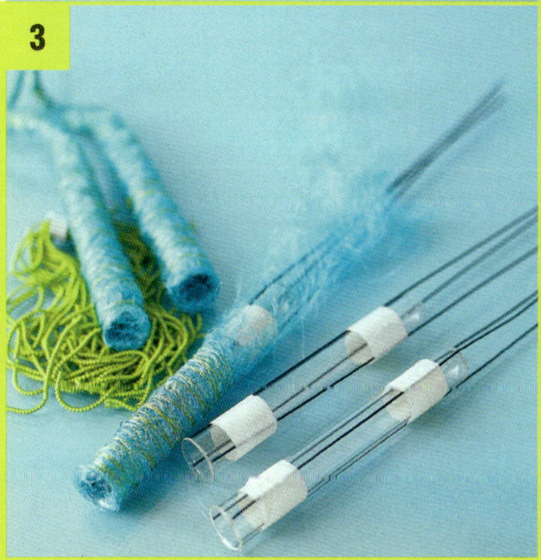

4

5

1 Wählen Sie alle Materialien aus dem Farbbereich Türkis bis Lindgrün.

2 Zuerst werden die Zementsockel angefertigt. Mischen Sie den Zement gemäß Packungsaufschrift an, stecken Sie die Stäbe hinein und lassen Sie die Masse abbinden. Als Gießform bieten sich Getränkekartons an, die stabil sind, sich nach dem Aushärten aber leicht abreißen lassen.

3 Glasröhrchen versorgen die Blumen mit Wasser. Kleben Sie Steckdrähte auf die Röhrchen, um sie zu verlängern. Umwickeln Sie die Röhrchen samt Verlängerungsdrähten mit Metallic-Engelshaar und anschließend mit Bouillondraht. Danach werden die Drähte zu Spiralen geformt.

4 Jede Vase wird mit zwei Kabelbindern sicher an der Konstruktion befestigt. Bauen Sie einige kurze Querstäbe ein, um die Vasen zusätzlich zu fixieren und die Konstruktion in ihrer Form zu stabilisieren.

5 Um etwas Witz ins Spiel zu bringen, werden die Anthurien zuerst durch die Gurken geschoben und dann in die Vasen gesteckt.

Design Die Spannung dieses Werkstücks beruht auf dem Kontrast zwischen den strengen Stäben und der Verspieltheit der Anthurien und der Vasen. Das Werkstück zeigt auch, wie sich Raumgestaltung und florales Design durch die Wahl der Farben und Formen in Einklang bringen lassen.
Technik Wenn Sie die Konstruktion gemäß der Anleitung herstellen, versuchen Sie, die Vasen möglichst gleichmäßig darin anzuordnen. Bedenken Sie dabei das spätere Volumen der dann mit den Anthurien gefüllten Vasen und versuchen Sie eine Balance herzustellen, so dass das Arrangement ausgewogen wirkt.
Ausdruck Ein Spiel mit Mustern. Anthurium und Paisley-Tapete bilden ein lebhaftes Ensemble, das sich vor allem für strenge, moderne Interieurs gut eignet.

Der Eine-Million-Stäbchen-Korb

Designer
Per

Materialien
Ruhmeskrone (Gloriosa rothschildiana)
Mini-Gerbera
Nerine bowdenii
Kugel-Amaranth (Gomphrena globosa)
Cattleya
Farbiger Wickeldraht
Steckdrähte der Stärke 18
Farbige Holzstäbe
Reagenzgläser

Design Der Korb ist ein altmodisches Gefäß, das hier in einer neuen, modernen Version präsentiert wird. Um die verspielte Note zu betonen, werden verschiedene Materialien kombiniert. Das Anfertigen des Korbes braucht einige Zeit, doch danach kann man ihn immer wieder mit anderen Blumen dekorieren.

Technik Bei diesem Werkstück dreht sich alles um die Drähte – genau gesagt um Steckdrähte der Stärke 18 und feinen Wickeldraht. Der Korb dient als Gefäß, die Glasröhrchen versorgen die Blumen mit Wasser.

Ausdruck Durch seine Farbe und Form wirkt dieses Werkstück üppig, verspielt, fast kindlich. Der Korb erinnert an ein Spielzeug, die verschiedenen Formen und Farben der Blüten erwecken ihn zum Leben.

Der Eine-Million-Stäbchen-Korb

1 Zuerst drahten Sie die Reagenzgläser unter dem Rand mit farbigem Wickeldraht an. Legen Sie die verarbeiteten Röhrchen für später beiseite. Die farbigen Stäbe werden in Stücke von 5 bis 7 cm Länge geschnitten. Durch die unterschiedlichen Längen erhält das Werkstück später seinen interessanten Rhythmus.

2 Aus den Stäbchen und farbig passendem Wickeldraht fertigen Sie nun Girlanden. Dafür wird jedes Stäbchen in der Mitte dreimal mit dem Draht umwickelt, dann werden die beiden Drahtenden zusammengedreht. Die Drahtgirlanden sollten etwa 2 m lang sein.

3 Stellen Sie einen Unterbau aus Steckdrähten her, wie es bei der Kugel aus Trinkhalmen (S. 17) beschrieben wird. Die Drähte überkreuzen, zusammendrehen und durch Veränderung der Abstände einen Korb formen.

4 Spulen Sie Wickeldraht in verschiedenen Farben ab und verdrehen und knautschen Sie ihn zu feinem, aber stabilen Drahtgewirr.

5 Bedecken Sie den Drahtkorb innen und außen mit diesem Drahtgewirr, um ihm mehr Fülle zu geben. Fügen Sie dann die Girlanden aus gedrahteten Stäbchen hinzu, bis der ganze Unterbau bedeckt und die gewünschte Form und Größe erreicht sind.

6 Stecken Sie die gedrahteten Glasröhrchen am Rand des Korbes ein und befestigen Sie sie sorgfältig mit den überstehenden Drahtenden. Etwa 20 bis 25 Röhrchen werden unregelmäßig und in unterschiedlichen Winkeln am oberen Rand des Korbes verteilt.

7 Dann stecken Sie einfach Blumen nach Wunsch in die wassergefüllten Röhrchen. Berücksichtigen Sie dabei unbedingt die Form und Größe des Korbes. Der Winkel, in dem die Röhrchen eingeschoben werden, sowie deren Anzahl spielen ein große Rolle für Wirkung und Erscheinungsbild des Korbes.

7

Lichter-Spiel

Designer
Max
Materialien
Styropor-Halbkugeln
Nylonschnur
Farbige Glasfacetten mit Loch
Sprühkleber
Ölweiden-Blätter (Elaeagnus)
Fuchsschwanz (Amaranthus caudatus)
Ruhmeskrone (Gloriosa rothschildiana)
Schmetterlingsorchidee (Phalaenopsis)
Rittersporn (Delphinium 'Völkerfrieden')

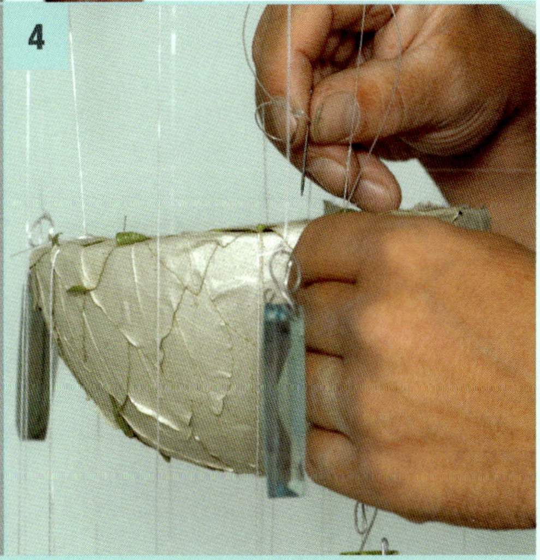

Design Der transparente Kronleuchter bewegt sich im leichtesten Windhauch. Auch durch die Farbe der Ölweidenblätter wirkt er sehr interessant. Die Verarbeitung von Nylon gibt ihm Leichtigkeit und Eleganz.
Technik Halten Sie die Reihenfolge der Arbeitsschritte unbedingt ein. Es ist sehr wichtig, die Blumen zu wachsen und mit Verdunstungsschutzspray einzusprühen. Achten Sie darauf, die zylindrische Form möglichst genau einzuhalten. Verwenden Sie nicht zu viele Blüten, sonst geht die luftige Transparenz verloren. Die Befestigung liegt auf der Innenseite der Kugeln und ist dadurch kaum zu sehen.
Ausdruck Wir haben hier einen leichten, transparenten Kronleuchter gestaltet, der in eine helle Diele passt. Er harmoniert gut mit der Gesamtatmosphäre und bekommt durch seine leichte Bewegung einen zusätzlichen Reiz.

1 Schneiden Sie von den Ölweidenblättern die Stielansätze ab, sortieren Sie sie nach Größe und befestigen Sie sie mit Sprühkleber auf den Styropor-Halbkugeln. Beginnen Sie dabei mit den kleinsten Blättern und verwenden Sie für jede folgende Reihe etwas größere. Achten Sie auf eine ausgewogene Anordnung in regelmäßigen Reihen.

2 Die Kugeln werden mit Nylonschnur an der Decke befestigt. Die Schnur muss stabil genug sein, um einige Kilo Gewicht zu tragen. Ordnen Sie die Kugeln bei gleichen Abständen von groß nach klein untereinander an.

3 Ziehen Sie Nylonschnur durch die Glasquadrate, verknoten Sie sie mit einem Doppelknoten und schneiden Sie die überstehenden Enden ab.

4 Befestigen Sie die Glasstücke mit Nadeln auf der Innenseite der Halbkugel. Achten Sie darauf, dass die Nylonschnüre lang genug sind, um mit dem Glasschmuck eine zylindrische Form zu gestalten. Wachsen Sie die Blüten, sprühen Sie sie mit Verdunstungsschutzspray ein und arrangieren Sie sie auf die gleiche Weise.

Orchideen auf Stelzen

Designer
Per

Materialien
Schmetterlingsorchidee (Phalaenopsis)
Zement
Aluminiumrohre
Getränkekartons
Metallic-Engelshaar
Bouillondraht
Kegelförmige Plastikvasen mit langer Spitze
Steckdrähte Stärke 18
Sprühkleber
Steckschaum für Trockenblumen
Römerhaften oder Efeunadeln

1 Für die Füße der „Stelzen" wird Zement verwendet. Rühren Sie den Zement gemäß Packungsaufschrift an und gießen Sie ihn in Getränkekartons. Dann stecken Sie das Aluminiumrohr in die Mitte und fixieren es, bis der Zement abgebunden hat. Getränkekartons sind als Gießform ausgezeichnet geeignet, weil sie sich nach dem Aushärten leicht abreißen lassen und dem Zement eine glatte, leicht glänzende Oberfläche verleihen.

2 Sprühen Sie die Aluminiumrohre mit Klebstoff ein und umkleiden Sie sie mit Metallic-Engelshaar, das zur zusätzlichen Fixierung mit Bouillondraht umwickelt wird. Sorgen Sie für eine Abstufung der Farben.

3 Die Kegel für die Orchideen werden aus Plastikvasen angefertigt, die wie das Rohr mit Metallic-Engelshaar und Bouillondraht umhüllt werden. Die unteren Spitzen der Vasen müssen frei bleiben.

4 Pressen Sie Steckschaum für Trockenblumen in die Vasen und drücken Sie ihn gut fest. Eventuell muss er mit etwas Klebstoff fixiert werden. Auch der Steckschaum wird mit Engelshaar bedeckt.

5 Nun nehmen Sie die Orchideen aus ihren Töpfen, schütteln das Substrat ab und waschen die Wurzeln unter fließendem Wasser ab. Anschließend werden sie mit Römerhaften auf den Kegeln befestigt. Lose Wurzeln binden Sie mit etwas Bouillondraht an den Außenseiten der Kegel fest. Zum Schluss werden die Vasen mit ihren unteren Spitzen in die Rohre gesteckt.

Design Bei diesem Werkstück kommt es auf Stabilität an. Die Füße der Stelzen dürfen nicht zu klein oder zu leicht sein, sonst kippen sie einfach um. Achten Sie auch darauf, dass die Spitzen der Vasen lang genug sind. Abgesehen von diesen funktionalen Gesichtspunkten ist die Farbabstufung ein wichtiges Kriterium.
Technik Die Orchideen werden auf die Kegel „gepflanzt" und erhalten ihr Wasser so wie in der freien Natur: Die Wurzeln werden zweimal wöchentlich oder öfter mit Wasser eingesprüht. Dieser Sprühnebel ähnelt dem Morgendunst in den Baumkronen, in denen sie ohne Erde epiphytisch wachsen.
Ausdruck Blüte zu Blüte, Farbe zu Farbe. Lassen Sie Ihre Tapete lebendig werden! Die unkonventionelle, fast kitschige Art, die Orchideen zu präsentieren, macht sich ihre natürlichen Lebensgewohnheiten zunutze.

Divas

Designer
Per

Materialien
Helikonie (Heliconia)
Steelgras (Xanthorrhoea australis)
Kugel-Amaranth (Gomphrena globosa)
Johanniskraut (Hypericum)
zylindrische Glasvasen
Haftmasse
Steckdrähte Stärke 18
Deko-Nadeln

Design Dieses Arrangement lebt durch den Kontrast zwischen der üppigen Blüte und den feinen Details, die in den klaren Linien der Gräser zum Ausdruck kommen. Um diese Klarheit zu erzielen, werden die Gräser unsichtbar fixiert.

Technik Das Material wird in einer Vase arrangiert, die ein entscheidender Bestandteil des Werkstücks ist. Wenn Sie die Haftmasse etwas in den Händen erwärmen, halten die Gräser besser darin. Endgültig stabilisiert wird das Arrangement aber, indem die Gräser mit Nadeln an der Heliconia befestigt werden.

Ausdruck Die unglaublich stolze Blüte wird hier wie eine Diva in ihrer ganzen Pracht präsentiert. Die strenge Form der Gräser wirkt wie eine Wolke aus feinen Details, über der sich die Blüte in ihren Rottönen erhebt.

1 Die Amaranthkugeln und Johanniskrautbeeren werden auf Steckdrähte geschoben wie Schaschlikspieße und zur späteren Verwendung beiseite gelegt. Reinigen Sie dann die Vasen und legen Sie um jede drei Streifen Haftmasse.

2 Schneiden Sie die trockenen, braunen Enden vom Steelgras ab und befestigen Sie es mithilfe der Haftmasse so an den Außenseiten der Vasen, dass die flachere Seite der Blätter zum Glas zeigt. Das Steelgras soll so dicht angeordnet werden, dass die Haftmasse zum Schluss vollständig verdeckt ist.

3 Nehmen Sie nun die Amaranthkugeln und Johanniskrautbeeren von den Drahtspießen und stecken Sie sie einzeln auf die Steelgras-Spitzen. Sie werden feststellen, dass das viel einfacher ist, wenn das Material zuvor auf die Drähte gesteckt und somit gelocht wurde. Nun platzieren Sie die Helikonie mit den restlichen Gräsern in der Vase.

4 Oben auf den Enden der Heliconia-Stiele werden Amaranthkugeln befestigt. Dieses Mal verwenden Sie Nadeln, deren Köpfe farblich auf das übrige Material abgestimmt sind. Das Gras springt wie eine Fontäne in alle Richtungen auseinander. Um eine klarere, strengere Form zu erhalten, die ja jede Solitärblume betont, stechen Sie Nadeln durch die Gräser und in die Helikonie.

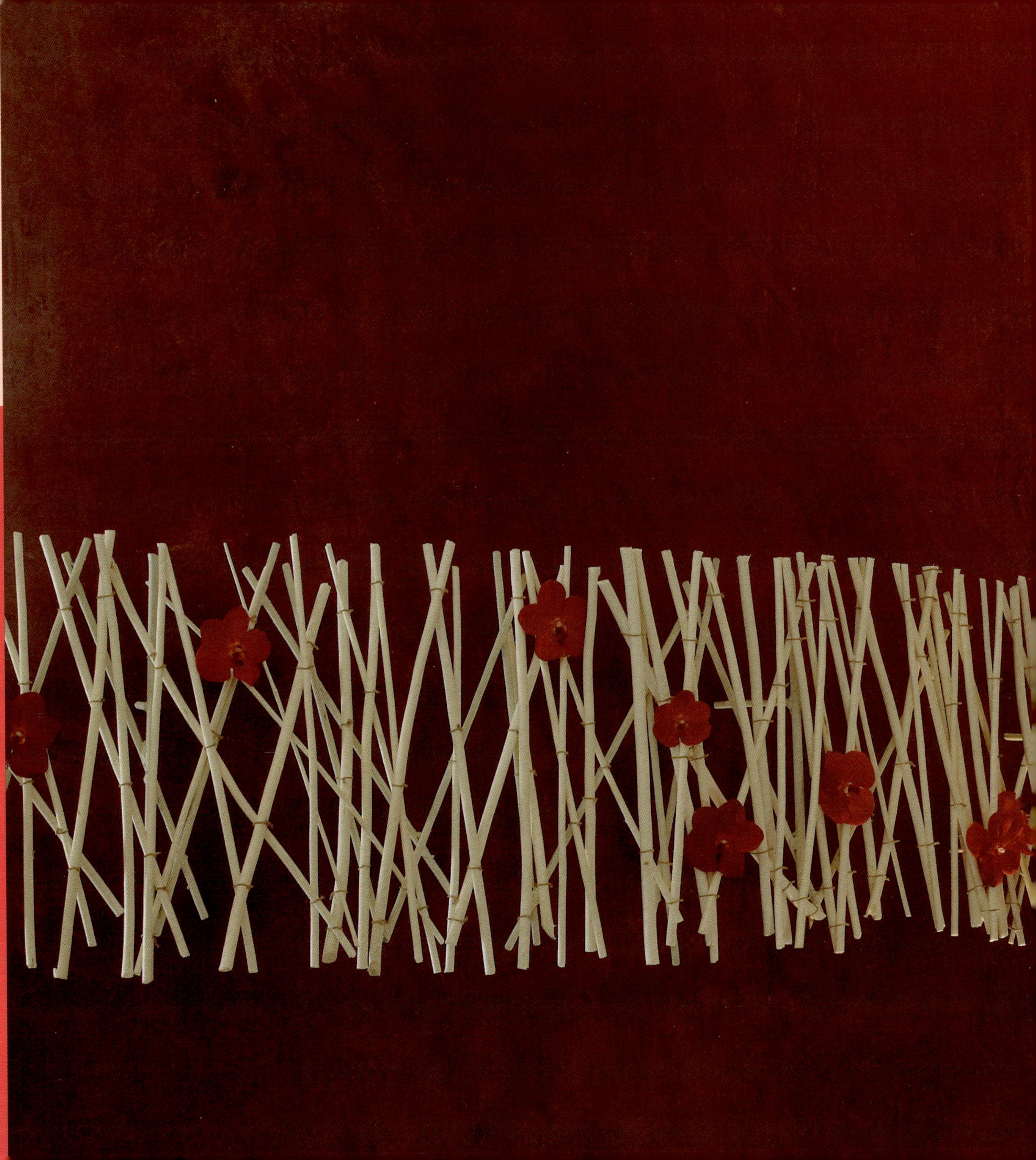

Endlos

Designer
Tomas
Materialien
Geschälte Weidenruten (Salix)
Vanda-Orchideen
Reagenzgläser
Rosenschere
Wickeldraht
Eisenstangen
Lackfarbe

Design Die Wanddekoration dient als Blickfang für den Raum. Der Eindruck der Bewegung wird stärker, wenn die Konstruktion klein und transparent ist. Durch die Blüten erhält das Werkstück eine verspielte, nicht ganz so ernsthafte Ausstrahlung.
Technik Die technische Herausforderung besteht hier vor allem im geschickten Binden der Weidenruten. Verwenden Sie getrocknete Ruten, weil frische zu stark schrumpfen, was zu Lasten der Stabilität geht. Mit der richtigen Bindetechnik steht und fällt dieses Werkstück. Die Glasröhrchen werden nur an ihrem oberen Rand eingebunden, damit man sie ausleeren und das Wasser erneuern kann.
Ausdruck Betrachtet man das Werkstück etwas länger, scheinen sich die Weidenruten auf der Wand fließend zu bewegen und die Blüten flattern wie Schmetterlinge zwischen den Zweigen. Die Blüten können gelegentlich ganz nach Lust und Laune ausgetauscht werden.

Endlos

1 Binden Sie zwei Weidenruten zusammen und ergänzen Sie weitere Ruten, immer in verschiedenen Winkeln. Um für ausreichende Stabilität zu sorgen, sind zwei Bindungen pro Zweig notwendig. Die Knoten liegen aus ästhetischen Gründen immer auf der Rückseite.

2 Streichen Sie einige kurze Eisenstangen im Farbton der Weidenruten und montieren Sie sie in Abständen von etwa einem Meter an der Wand. Daran befestigen Sie die Weidenruten. Rechnen Sie aus, wie viele Befestigungspunkte Sie für die Länge Ihres Werkstücks benötigen. Pro Meter brauchen Sie eine Stange.

3 Schneiden Sie die Weidenruten auf eine einheitliche Länge, sodass die Enden eine horizontale Linie bilden. Der Streifen aus zusammengebunden Weidenstücken soll eine relativ gleichmäßige Breite haben. In diesem Fall sind es etwa 50 cm, abgestimmt auf die Proportionen der Wand.

4 Nun werden die Glasröhrchen in die Konstruktion eingefügt und mit Wasser gefüllt. Dann stellen Sie die Vanda-Orchideen hinein, sodass die Blüten wie Vögel in der Konstruktion „fliegen". So wirkt das Werkstück weniger massiv und stattdessen ein bisschen verspielt.

Knallig!

Designer
Per

Materialien
Ruhmeskrone (Gloriosa rothschildiana)
Schmetterlingsorchidee (Phalaenopsis)
Cattleya
Metallrahmen
Farbige Holzstäbchen
Reagenzgläser
Kunststoffband
Kabelbinder

1

2

Design Durch das Spiel mit den Farben und Materialien knüpfen wir hier direkt an die Plastikstühle an. Ein Arrangement in strenger Form, aber voller Leben. Wichtig ist, die Rechteckfläche mit möglichst vielen sich kreuzenden Linien auszufüllen. Keines der Holzstäbchen sollte parallel zur Kontur des Rechtecks verlaufen, das wäre zu offensichtlich.

Technik Die Stäbchen werden kreuz und quer in mehreren Schichten angeordnet und mit Kabelbindern befestigt, die der Konstruktion Stabilität geben. Die Glasröhrchen werden fischgrätenartig schräg eingesteckt, dann wird das ganze Arrangement sicher an der Wand befestigt.

Ausdruck Das originelle, lebensfrohe und farbenprächtige Werkstück ist gleichzeitig streng und abstrakt – wie ein modernes Gemälde. Es ergänzt die Plastikstühle im Vordergrund perfekt.

1 Verwenden Sie Materialien in starken, aufeinander abgestimmten Farben. Zuerst wird der Metallrahmen mit orangefarbenem Kunststoffband umwickelt, damit er später nicht auffällt.

2 Befestigen Sie die Holzstäbchen mit Kabelbindern kreuz und quer am Rahmen, aber lassen Sie von Anfang an in der Mitte einen Freiraum. Das gelingt am besten, wenn Sie die Stäbchen vom Rand zur Mitte festbinden.

3

4

5

3 Schicht für Schicht die Konstruktion aufbauen, um ihr Fülle und Stabilität zu geben und von links nach rechts einen fließenden Farbübergang zu erhalten. Zum Schluss die Außenkanten und die Öffnung in der Mitte gerade schneiden. Wo die Kontur zu schwach wirkt, fügen Sie weitere Stäbchen ein. Danach werden die Glasröhrchen schräg mit längeren Kabelbindern befestigt, sodass die Blüten den freien Raum in der Mitte ausfüllen.

4 Die Konstruktion kann an Haken in der Wand oder an Schnüren an einer Bilderleiste aufgehängt werden.

5 Nach dem Aufhängen der Konstruktion füllen Sie die Glasröhrchen mit Wasser und stecken die Blumen hinein. Die Blütenfarben sollten auf die Farben der Holzstäbchen abgestimmt und gleichmäßig verteilt sein. Falls es nötig ist, können sie mit Kabelbindern fixiert werden.

Grasparavent

Designer
Max
Materialien
Steelgras (Xathorroea australis)
Ginkgo-Blätter (Ginkgo biloba)
Heckenrosen (Rosa)
Reagenzgläser
Floristen-Kaltkleber
Sprühkleber
Grüner Wickeldraht
Blattgold (Schlagmetall)

Design Dieser dekorative, transparente Paravent teilt einen Raum in zwei Bereiche, die andererseits durch die offenen Teile des Ginkgo-Teppichs wieder eine Verbindung erhalten.
Technik Hier kommt es darauf an, die natürliche Linienführung der Gräser gezielt zu nutzen. Vermeiden Sie senkrechte Linien, aber setzen Sie dekorative Akzente wie vergoldete Blätter oder Rosen ein. Blätter lassen sich am besten mit Sprühkleber auf Stoff/Papier befestigen.
Ausdruck Wir wollten einen Raum in verschiedene Bereiche gliedern. Weil der Raumteiler so transparent und leicht ist, wird der Raum optisch nicht verkleinert, vielmehr behalten die separaten Bereiche noch einen gewissen Grad an Verbindung. Dies ist eine moderne und organische Raumdekoration.

1 Für die Unterkonstruktion werden Steelgras-Halme miteinander verflochten und verdrahtet. Arbeiten Sie mit jeweils fünf Bündeln und vermeiden Sie im inneren Bereich senkrechte Linien. Fixieren Sie die Enden der Stiele mit etwas Kaltkleber.

2 Auf einem Stück Stoff von 40 cm Breite und 5 m Länge werden nun mit Sprühkleber Ginkgoblätter befestigt. Damit die Oberfläche luxuriöser und interessanter wirkt, setzen Sie einige Tupfen aus Blattgold darauf.

3 Nähen Sie einen Draht mit Haken an den Stoff, um den hängenden Ginkgoteppich und die Grasparavents miteinander zu verbinden.

Grasparavent

4 Zum Schluss schieben Sie einige Reagenzgläser in den Paravent.

5 Stecken Sie einige Heckenrosenblüten in die Glasvasen und weben Sie einige weitere zwischen den Gräsern des Paravents ein.

Wiese an der Wand

Designer

Max

Materialien

Holz
Birkenrinde (Betula)
Heißklebepistole
Bohrmaschine
Reagenzgläser
Kolbenhirse (Setaria italica)
Rispenhirse (Panicum 'Fountain')
Chinaschilf (Miscanthus sinensis)
Spitzwegerich (Plantago lanceolata)
Christrose (Helleborus niger)
Steelgras (Xanthorrhoea australis)

Wiese an der Wand

1 Fertigen Sie einen stabilen Holzkasten an und bohren Sie in eine Längsseite Löcher zur Befestigung. Dann schneiden Sie die Birkenrinde in kleine Stücke von etwa 3 cm Größe.

2 Die Rindenstücke kreuz und quer verteilt mit Heißkleber befestigen. Wenn der Kasten vollständig bedeckt ist, bohren Sie in die Oberseite Löcher von der Größe der Reagenzgläser.

3 Dübeln Sie in die Wand Gewindestäbe, deren Durchmesser und Abstand den Bohrungen in der Seitenwand des Kastens entspricht. Sie dienen als Aufhängung des Kastens an der Wand. Nun setzen Sie die Reagenzgläser in die entsprechenden Bohrungen und füllen sie mit Wasser.

4 Arrangieren Sie die ersten Gräser – nicht gerade, sondern so locker, wie sie in der Natur wachsen. Sie sollen auch nicht gleichmäßig verteilt sein, sondern werden zu Gruppen zusammengefasst.

Design Diese „Wiese" ist so konstruiert, dass die Gräser und Blumen jederzeit ersetzt werden können. Auf diese Weise lässt sich die Raumdekoration leicht verändern. Der Kasten ist neutral und passt deshalb zu vielen verschiedenen Materialien.
Technik Arbeiten Sie beim Bau des Kastens sorgfältig, damit Sie ihn viele Male benutzen können. Gräser und Blumen werden nicht gerade und streng arrangiert, sondern so locker und unregelmäßig wie in der Natur.
Ausdruck Hier ging es uns darum, ein kleines Stück Natur ins Haus zu holen, das sich von Zeit zu Zeit verändern lässt. Das Objekt kann ein Bild ersetzen und ist ein ausgezeichneter Blickfang, ohne dabei zu dominant zu wirken.

5 Achten Sie beim Zufügen der weiteren Gräser auf Ausgewogenheit. Verwenden Sie wenige lange und mehr kürzere Halme. Zum Schluss werden die letzten Steelgras-Halme in weiten Bögen eingefügt.

Wand aus Wolle

Designer
Tomas

Materialien
Gelbe Ruhmeskrone (Gloriosa)
Strickwolle
Kegelförmige Vasen
Heißkleber
Sprühkleber

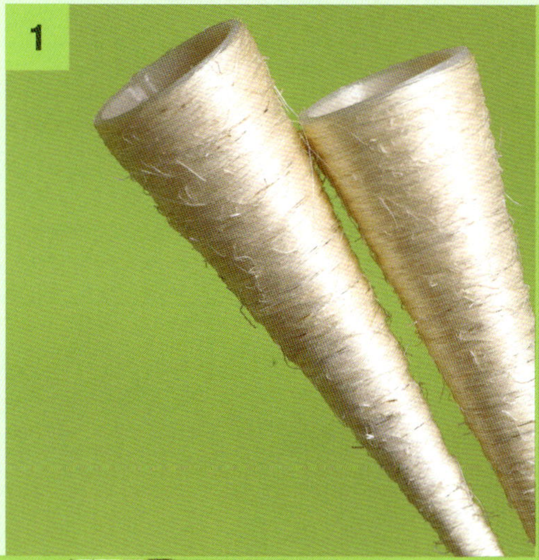

1 Für dieses Werkstück benötigen Sie kegelförmige Vasen, die im Fachhandel erhältlich sind. Setzen Sie je zwei Kegelvasen mit den Öffnungen aufeinander und kleben Sie sie zusammen. Dann werden diese spindelförmigen „Doppelvasen" mit grüner Sprühfarbe lackiert, damit sie weniger auffallen.

2 Auch die Wahl der richtigen Wolle spielt eine wichtige Rolle. Am besten lassen Sie sich von den Wandfarben inspirieren und verwenden verschiedene, aufeinander abgestimmte Garne, damit das Werkstück ausdrucksvoller ausfällt. Wickeln Sie die verschiedenen Wollsorten in unregelmäßigen Streifen um die Vasen. Beginnen Sie dabei unten, arbeiten Sie aufwärts und dann wieder hinab. Der ganze Doppelkegel soll mit Wolle umwickelt sein.

3 Bohren Sie in jeden Kegel ein Loch, damit man ihn mit Wasser füllen und als Reservoir für die Blumen verwenden kann. Spannen Sie die Wollfäden senkrecht zwischen Decke und Boden an der Wand. Verwenden Sie dazu drei Sorten Wolle, die Sie auch zum Umwickeln der Kegel verwendet haben.

4 Befestigen Sie nun die umwickelten Kegel zwischen den Wollfäden. Verteilen Sie sie gleichmäßig, aber weiträumig. Durch dichte Gruppen würde das Arrangement zu schwer wirken. Achten Sie auch darauf, die senkrechte Ausrichtung der Installation zu wahren, denn darin liegt ihre Kraft. Zum Schluss werden die Gloriosa-Blüten in die Kegel gesteckt und durch die Fäden gewoben, damit sie mehr Halt bekommen.

Design Dieses Design in kräftigen Gelbgrün-Tönen nutzt die Höhe des Treppenhauses aus. Wir haben uns für eine relativ schmale Form entschieden, durch die die Höhe noch besser zum Ausdruck kommt. Die Blumen können von Zeit zu Zeit durch andere ersetzt werden, doch auch ganz ohne Blumen sieht das Werkstück interessant aus.
Technik Wir haben die Wolle an der Decke und an der Treppe befestigt, um eine Art Zaun zu gestalten. Die Kegel werden in diesem Zaun befestigt. Sie sehen dekorativ aus, haben aber auch eine Funktion: Sie enthalten das Wasser für die Blumen.
Ausdruck Diese leichte, verspielte Installation aus Farbe, Wolle, Kegeln und Ruhmeskrone lädt dazu ein, beim Besteigen der Treppe innezuhalten und die Details aus der Nähe zu betrachten.

Lebendes Gemälde

Designer
Tomas

Materialien
Waldrebe (Clematis)
Birkenrinde (Betula)
Holzplatte
Dünne Schaumstoffmatte
Reagenzgläser
Tacker
Plattenmoos

Design Den Impuls für die Gestaltung dieses Werkstücks gaben die Sprossenfenster in der hinteren Wand. Durch die Wiederholung der Rasterstruktur entsteht eine Verbindung zwischen dem Raum und dem Werkstück. Der natürliche Farbton der Birkenrinde ist ein entscheidendes Designelement dieser Dekoration. Je nach Jahreszeit könnte man auf Blüten sogar ganz verzichten.
Technik Das Erfolgsgeheimnis dieses Werkstücks liegt in der Wahl der passenden Platte für die Wand. Die mühsamste Arbeit ist das Zuschneiden und Anbringen der kleinen Stücke Birkenrinde. Der floristische Teil besteht eigentlich nur darin, die Glasröhrchen einzufügen und mit Blumen zu bestücken.
Ausdruck Ein lebendiges Gemälde, das sich plastisch von der Wand abhebt und die Natur ins Haus holt.

1 Sie benötigen eine Holzplatte, deren Proportionen zur Wandfläche passen. Zeichnen Sie mit Bleistift eine fließende Linie darauf. Sägen Sie die vorgezeichnete Form aus und befestigen Sie den Schaumstoff auf der Rückseite, um die Wand nicht zu beschädigen.

2 Schneiden Sie Birkenrinde in Stücke, deren Form den Sprossenfenstern in der Wand im Hintergrund entspricht. So greift das Werkstück ein Element des Raumes auf. Damit das Arrangement lebendig und natürlich wirkt, sollen die Rindenstücke einander nicht überlappen.

3 Bringen Sie nun auf beiden Seiten der Öffnung Glasröhrchen an, in die später die Blumen gesteckt werden. Bedecken Sie die Schmalseiten der Holzkonstruktion mit Moos.

4 Die Birkenrindenstücke werden mittels kleiner Holzklötzchen auf der Platte befestigt. So scheint das Werkstück vor der Wand zu schweben. Zum Schluss kommen die Blumen an die Reihe. Wir haben Clematis gewählt, die besonders zart wirkt. Arrangieren Sie die Pflanzen so, wie sie in der Natur wachsen würden. Das fertige Werkstück wirkt wie ein lebendes Gemälde an der Wand.

Taktile Kontraste

Designer
Max

Materialien
Elefantenohr (Kalanchoe beharensis)
Hängende Leuchterblume (Ceropegia linearis ssp. woodii)
Kletternde Leuchterblume (Ceropegia sandersonii)
Wolfsmilch (Euphorbia)
Lepismium cruciforme
Feigenkaktus (Opuntia)
Verschiedene Kakteen
Kiwi (Actinidia)
Wolle
Holzplatte
Wachs
Eisenstangen (Durchmesser 6 mm, Länge 2 m)
Kegelvasen aus Metall
Stroh
Wickeldraht
Klebeband
Mullbinden
Nass-Steckschaum
Floristen-Kaltkleber

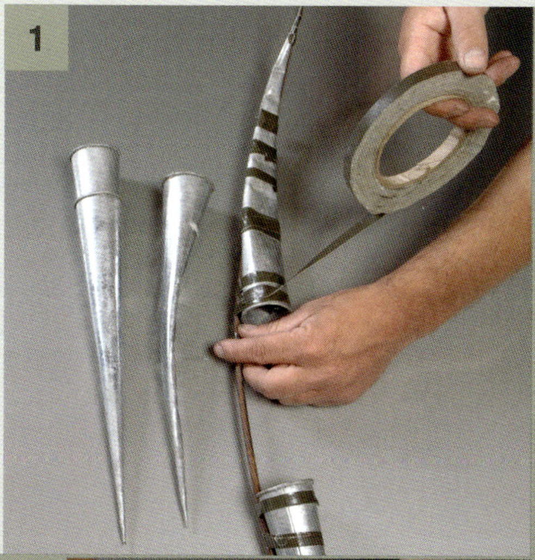

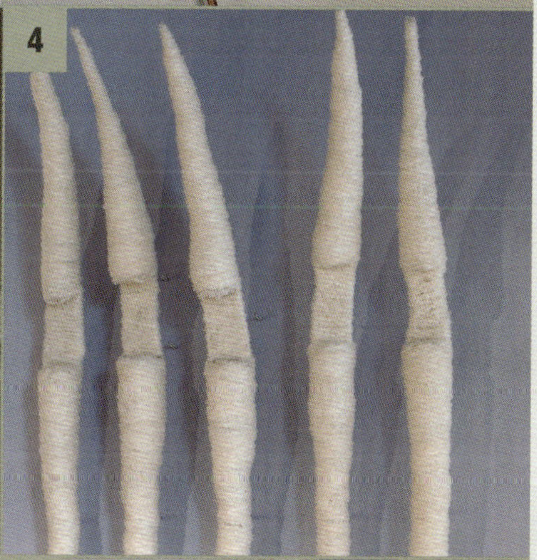

1 Die Metallstangen werden im oberen Drittel leicht gebogen. Auch die Metallvasen leicht biegen und mit 10 cm Abstand an den Eisenstangen festkleben. Auf die Rückseite kleben Sie ein Stück Pappe.

2 Befestigen Sie nun Stroh mit Wickeldraht sehr fest an den Vasen. Fertigen Sie auf diese Weise fünf stabile, identische Formen an.

3 Umhüllen Sie das Stroh mit Mullbinden, um eine einheitlich weiße Oberfläche zu erhalten. Dann umwickeln Sie die Form gleichmäßig mit Wolle.

4 Streichen Sie eine Holzplatte in einer Farbe Ihrer Wahl. Nach dem Trocknen überziehen Sie sie mit einer dünnen Schicht Wachs, um eine interessante Oberflächenstruktur herzustellen. Anschließend werden die fünf Röhrenelemente mit Schrauben darauf befestigt. Der Abstand zwischen Brett und Rohren soll etwa 8 cm betragen.

5 Füllen Sie nun die Rohre mit Steckschaum und arrangieren Sie zuerst die langen Grün-Ranken. Danach werden die Lücken mit den kleinen Kakteen ausgefüllt.

Design Diese Wanddekoration lebt durch den Kontrast zwischen weicher Wolle und spitzen Kaktusstacheln. Durch die Farben wirkt sie ruhig und kühl, während die vielfachen, lang fließenden Linien ihr Eleganz geben.
Technik Halten Sie bei der Anfertigung der Konstruktion die Reihenfolge der Arbeitsschritte ein. Achten Sie darauf, dass die fünf Elemente möglichst gleich aussehen und nicht zu groß werden, weil sonst die Eleganz verloren geht. Zuerst werden die lebenden Materialien im nassen Steckschaum befestigt. Die Kakteen können anschließend mit Kaltkleber fixiert werden, weil sie eine Weile ohne Wasser auskommen.
Ausdruck Unser Bestreben war hier, eine interessante Wanddekoration zu entwickeln, deren lebende Materialien regelmäßig ausgewechselt werden können.

Schritt für Schritt

Designer
Tomas
Materialien
Schokoladenkosmee (Cosmos atrosanguineus)
geschälte Zweige
Luffa-Gurken
Wickeldraht
Heißkleber

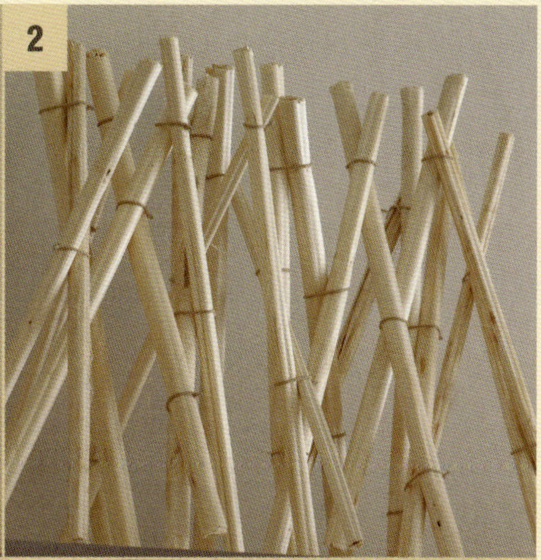

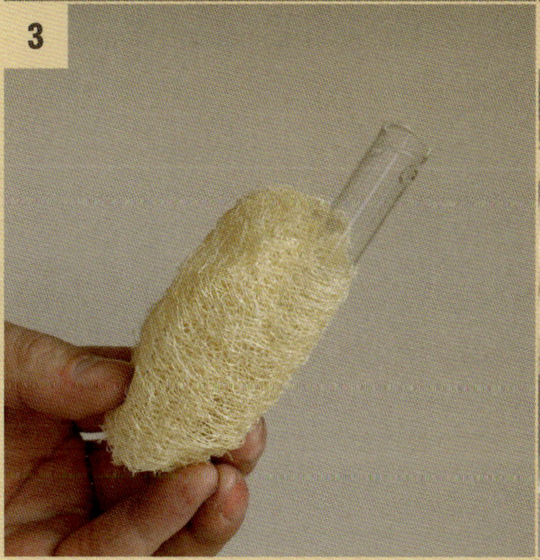

Design Das Dekorieren dieser niedrigen Nische war eine echte Herausforderung. Das Format ließ letztlich nur ein quer ausgerichtetes Werkstück zu. Durch die Dynamik der schräg stehenden Hölzchen wirkt die Nische gleich viel interessanter.
Technik Die wichtigste und hauptsächlich verwendete Technik ist hier das Binden. Zum Ausleeren der Glasröhrchen wird das ganze Arrangement einfach umgekippt.
Zum Reinigen der Röhrchen füllen Sie Bleichmittel hinein und lassen es über Nacht einwirken. Danach gründlich mit Wasser ausspülen.
Ausdruck Hier ging es uns darum, ein dynamisches Arrangement zu kreieren, das sich optisch trotzdem nicht in den Vordergrund drängt. Die Luffa-Kokons schweben wie Schmetterlinge zwischen den Zweigen. Dadurch erhält das Werkstück eine leichte, verspielte Note.

1 Schneiden Sie die Zweige in Stücke gleicher Länge zu und verbinden Sie sie mit Draht in verschiedenen spitzen Winkeln. Bei den ersten beiden Zweigen ist diese Arbeit am schwierigsten. Verwenden Sie unbedingt getrocknete Zweige, denn frische schrumpfen bei der Trocknung, sodass die Bindung sich lockert.

2 Die Zweige müssen jeweils an mindestens zwei Stellen miteinander verbunden werden, damit der Unterbau wirklich stabil und haltbar wird. Verwenden Sie Draht in einer Farbe des Arrangements, denn bei diesem Werkstück zählt jedes Detail.

3 Geben Sie auf die unteren Enden der Glasröhrchen einen Tupfen Heißkleber und schieben Sie sie dann mit einer drehenden Bewegung in die Luffa-Hüllen. So gleiten Sie leicht hinein und das Luffamaterial wird nicht beschädigt.

4 Binden Sie die umhüllten Glasröhrchen nun in verschiedenen Höhen in die Konstruktion ein. Winden Sie den Draht nicht nur um die Luffa-Hüllen, sondern auch um die Glasröhrchen selbst. So gehen Sie sicher, dass die schützenden „Kokons“ nicht zerdrückt oder beschädigt werden.

Gust. De Smet
MAURITS VERBIST

Bambus-Harmonie

Designer
Tomas
Materialien
Bambus
Schmetterlingsorchidee (Phalaenopsis)
Aralienfruchtstände (Aralia)
Bohrer
Naturkordel
Reagenzgläser
Eisenstangen

1
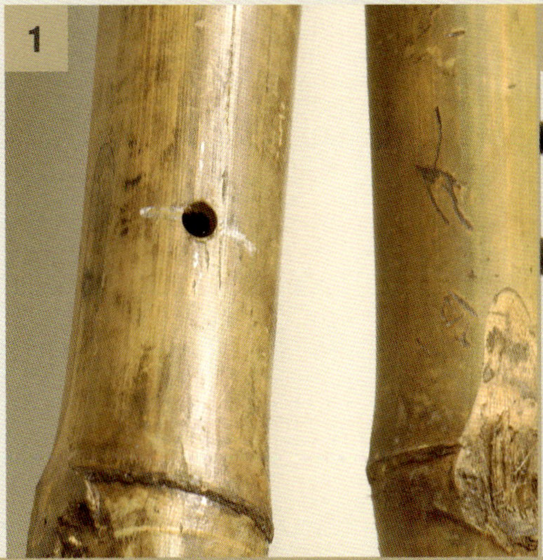

2
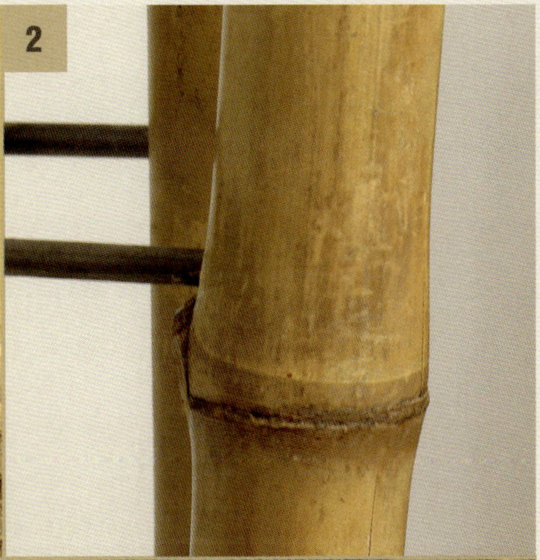

3
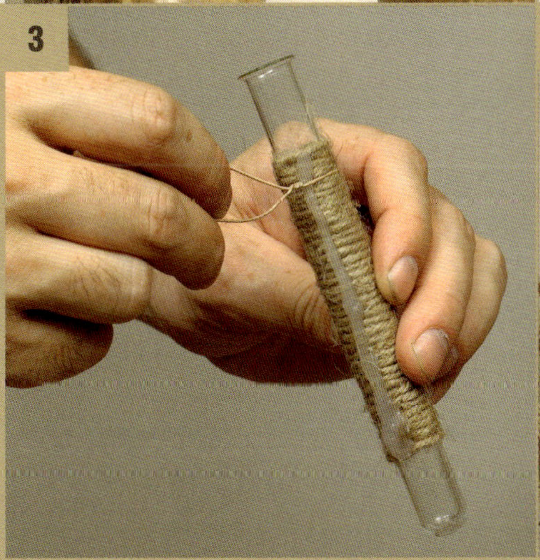

4

Design Dieses Arrangement vermittelt Harmonie und Ruhe. Wann immer Sie möchten, tauschen Sie die Blumen einfach aus und wählen andere Sorten oder Farben. Die Bambuskonstruktion muss sehr sorgfältig an der Wand befestigt werden. Konzentrieren Sie sich dabei weniger auf einzelne Stangen, sondern treten Sie regelmäßig zurück, um den Gesamteindruck zu prüfen.
Technik Die schwierigste Arbeit besteht hier dar in, Bambusstäbe gekonnt anzuordnen und richtig an der Wand zu befestigen. Das Anbringen der Glasröhrchen und das Dekorieren des Werkstücks mit Blumen ist dann recht einfach.
Ausdruck Hier wollten wir eine harmonische Dekoration für den Wohnbereich gestalten, die Atmosphäre eines Bambuswaldes, die Stille und die Schönheit der Natur ins Haus holen.

1 Passend zur Einrichtung des Raums werden hier braune Bambusstäbe gewählt. Sie haben einen Durchmesser von etwa 8 cm. In jeden Stab wird ein Loch gebohrt, durch das die Eisenstange geschoben wird.

2 Bohren Sie Löcher in die Wand, um die Eisenstange zu befestigen. Schieben Sie dann die Bambusstäbe darauf. Die Bambusstäbe sollen parallel zur Wand stehen, dabei aber den Eindruck eines natürlichen Bambuswaldes erwecken. Verschieben Sie dazu den Bambus auf der Stange und bringen Sie einige der Stäbe in eine leicht schräge Position. Vor dem Andübeln der Wandbefestigung sollten Sie die Bambusstäbe vor die Wand halten und experimentieren, bis Ihnen das Arrangement gefällt.

3 Für die Ausgestaltung mit Blüten werden nun Reagenzgläser eingearbeitet. Um die Röhrchen im Farbton dem Bambus anzugleichen, umwickeln Sie sie dicht und fest mit Schnur. Wählen Sie eine raue Schnur in einem natürlichen Farbton, der gut mit der Gesamtwirkung des Werkstücks harmoniert.

4 Binden Sie die Glasröhrchen an die Bambusstäbe und füllen Sie sie mit Wasser. Zuerst werden nun die Aralien gleichmäßig im ganzen Arrangement verteilt. Nicht zu viele, damit das Werkstück leicht und luftig bleibt. Anschließend kommen die Phalaenopsis hinzu, die durch ihren vertikalen Wuchs eine unterschwellig asiatische Ausstrahlung haben.

Natur-Vase

Designer
Per
Materialien
Weide (Salix)
Rispenhirse (Panicum)
Steelgras
Johanniskraut (Hypericum)
Metallrahmen
Wickeldraht
Reagenzgläser
Floristen-Knetmasse
Klebeband

1

2

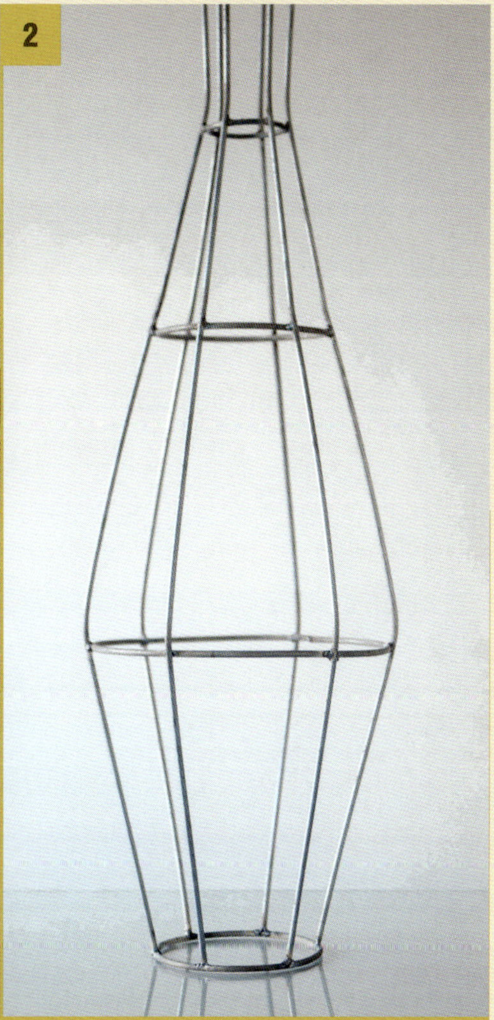

3

Design Selbst ohne frische Pflanzenmaterialien ist dies eine Möglichkeit, die Natur ins Haus zu holen. Weidenruten oder andere Zweige sollten nicht zu frisch sein und schon vor der Verarbeitung gebogen werden.
Technik Das Befestigen mit feinem Draht ist eine alte Korbmachertechnik. Wichtig ist, jede Rute sorgfältig anzubringen, weil sich Fehler im Nachhinein kaum beheben lassen. Am besten arbeiten Sie mit einem Helfer, der die Ruten anlegt, während Sie sie befestigen.
Ausdruck Modern, derb und natürlich. Besonders vor dieser Betonwand vermittelt das strenge und zugleich dekorative Werkstück Wärme. Einen zusätzlichen Akzent setzt die „Grasfontäne", die aus dem Vasenhals quillt.

1 Verwenden Sie keine frisch geschnittenen Weidenruten, weil sie zu stark schrumpfen. Besser geeignet sind bereits halb trockene Ruten.

2 Den Unterbau sollten Sie von einem Metallbauer anfertigen lassen. Er besteht aus sechs senkrechten Eisenstäben von 0,6 cm Stärke, die mit fünf oder sechs Ringen verbunden und geformt werden.

3 Am Fuß jeder senkrechten Strebe eine Spule Draht befestigen. Wenn Sie nun die Weidenruten um den Unterbau legen, schlingen Sie jeden Draht zweimal um die Rute und die senkrechte Strebe. Festziehen oder verdrillen müssen Sie ihn nicht. Einfacher geht es, wenn Sie die Ruten schon vor dem Befestigen in Form biegen.

Natur-Vase

4 Die Enden aller Ruten werden ins Innere der Konstruktion geschoben. Hier sind auch die Drahtwicklungen gut sichtbar. Arbeiten Sie in dieser Weise, bis der ganze Unterbau bedeckt ist.

5 Variieren Sie Farben und Stärken der Weidenruten während der Arbeit ständig, damit ein unregelmäßiger, natürlicher Rhythmus entsteht.

6 Fixieren Sie genügend Glasröhrchen, um den Vasenhals auszufüllen, mit Haftmasse aneinander. Danach werden sie von außen mit Klebeband umwickelt.

Kraft und Ruhe

Designer
Tomas

Materialien
Getrocknete Blätter wie Coccoloba oder Bauhinia
Holzplatte
Nägel mit großen, viereckigen Köpfen
Hammer
Schere
Floristen-Kaltkleber

1

2

3
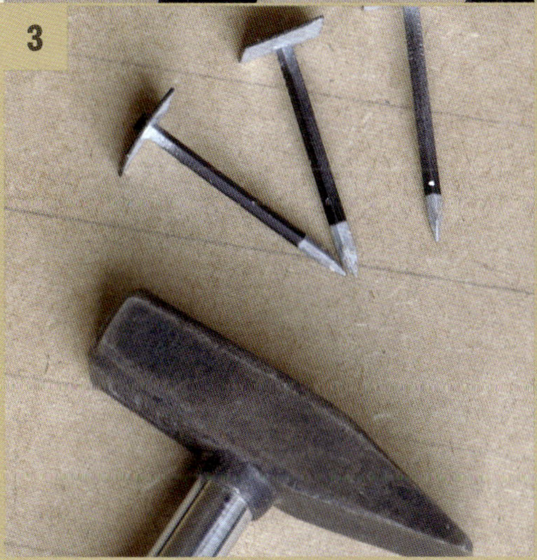

4

1 Zeichnen Sie mit Bleistift schwungvolle Linien auf eine große Holzplatte und zersägen Sie das Holz auf diesen Linien. Sie benötigen drei Stücke, die so angeordnet werden, dass auch die Zwischenräume interessant wirken. Dieses Linienspiel bildet den wichtigsten Aspekt des Werkstücks.

2 Es sollten getrocknete Blätter verwendet werden, die eine interessante Textur besitzen und recht hart sind. Schneiden Sie die getrockneten Blätter mit einer Schere in Quadrate gleicher Größe.

3 Zeichnen Sie nun mit Bleistift ein Raster auf das Brett, dessen Felder ebenso groß sind wie die aus den Blättern geschnittenen Quadrate. Schlagen Sie in gleichmäßigen Abständen Nägel in das Holz ein. Wegen des Rasters ist das ganz einfach.

4 Kleben Sie die ausgeschnittenen Blätter mit Kaltkleber auf die Nägel. Weil sie trocken und recht robust sind, können Sie aber auch Heißkleber verwenden, ohne Gefahr zu laufen, dass die Blätter versengen.

Design Dieses asiatisch inspirierte Werkstück lebt durch seine natürliche Bewegung und seine Schlichtheit. Der Konsoltisch, der wie ein Bestandteil des Gesamtwerks wirkt, gab den Impuls für diese Idee. Dieses Werkstück bringt das Motto „weniger ist mehr" zum Ausdruck. Kunst als eingefrorenes Zen.
Technik Die Herstellung dieses Werkstücks verlangt viel Sorgfalt, allerdings ist es auch sehr haltbar. Die wichtigsten Arbeitsschritte sind das Einschlagen der Nägel und das Aufkleben der Blätter. Um der strengen Schlichtheit willen wird auf Blüten hier ganz verzichtet.
Ausdruck Dieses Werkstück hängt im Eingangsbereich und heißt Besucher willkommen. Beim Betreten des Raums fällt diese Dekoration auf, ohne aber dominant zu wirken. So entsteht eine sehr harmonische Wirkung.

Natürlich entspannt

Designer
Max
Materialien
Birkenäste (Betula)
verschiedene Zimmerpflanzen
Moos
Styropor
Starke Plastikfolie
Frischhaltefolie
Pflanzsubstrat
Floristen-Kaltkleber

1 Schneiden Sie aus Styropor oder einem anderen Dämmmaterial eine Kissenform zu und schneiden Sie eine Vertiefung in die Mitte, in der später die Blumen arrangiert werden. Sie könnten sogar echte Kissen verwenden.

2 Legen Sie das Loch mit Plastikfolie aus, damit es wasserdicht wird. Dann wickeln Sie das ganze Kissen in Frischhaltefolie, die ein besseres Haftungsvermögen besitzt.

3 Schälen Sie die Birkenäste und schneiden Sie die Rinde in schmale Streifen. Diese Streifen werden mit Kaltkleber so auf dem Kissen befestigt, dass ein paralleles Streifenmuster entsteht.

4 Die Wurzelballen der Pflanzen werden nun in Substrat und Moos gepackt, damit sie auch längere Zeit unbeschadet überstehen. Dann wird gepflanzt. Achten Sie darauf, dass jede Pflanze ausreichend Substrat erhält. Anschließend wird das Substrat mit Moos abgedeckt. Falls nötig, verdecken Sie Lücken mit Resten der Birkenrinde.

Design Solche Kissen lassen sich gut in die Wohnungseinrichtung integrieren und wirken als Gruppe am schönsten. Sie haben eine sehr natürliche und lockere Ausstrahlung. Die Pflanzen sollten nicht zu kompakt sein. Besser ist es, eher lineare Formelemente zu wählen, um einen Eindruck von Bewegung zu vermitteln.
Technik Das Kissen wird entsprechend der Anleitung vorbereitet. Stellen Sie mehrere, farblich aufeinander abgestimmte Kissen her und verwenden Sie für jedes nur eine Pflanzenart. Wählen Sie Pflanzen, die mit wenig Wasser auskommen und eine länglich-lineare Form haben, damit Sie mit der Komposition spielen können.
Ausdruck Hier haben wir auf eine moderne, verspielte Weise die Natur ins Haus geholt. Die Kissen verbreiten eine lässig-entspannte Atmosphäre und werten jeden Raum auf.

Flaschengeist

Designer
Max

Materialien
Vanda
Baumwürger (Celastrus)
Pfeifenwinde (Aristolochia)
Orangefarbener Wickeldraht
Chinesische Zeitung
Wasserglas
Wachs
Verdunstungsschutzspray
Tapetenkleister oder Holzleim

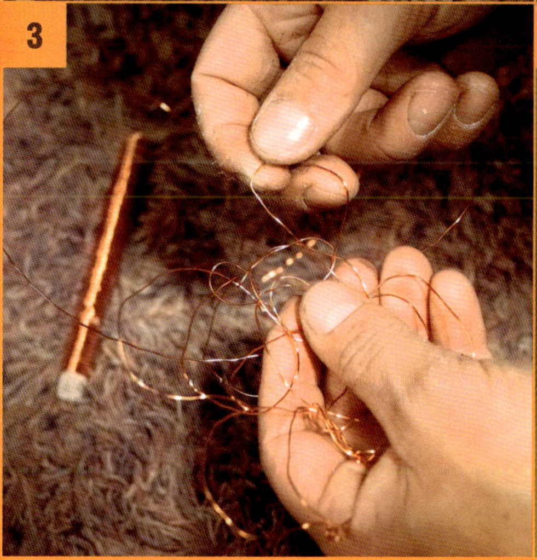

Design Die übergroße, dekorative Flasche lockert ein strenges Interieur auf. Die Kombination aus sachlichen, modernen Möbeln und der Flasche mit der Dekoration aus chinesischem Zeitungspapier und Orchideen wirkt zwanglos und verspielt.
Technik Bereiten Sie die Flasche gemäß der Anleitung vor. Wasserglas ist ein interessantes Material, das die Oberfläche mit einer glasartigen Schicht überzieht. Die Blüten werden mit Wachs und Verdunstungsschutzspray behandelt, damit sie länger halten. Befestigen Sie die Orchideen über und unter dem Netz, sodass es aussieht, als würden sie aus der Flasche quellen.
Ausdruck Mit diesen Werkstück wollten wir eine verspielte Raumdekoration kreieren. Zu diesem Zweck stellten wir aus chinesischem Zeitungspapier eine Flaschenform her und ließen die Blumen wie Flüssigkeit aus ihr strömen.

1 Schneiden Sie eine chinesische Zeitung in kleine Stücke.

2 Die Papierstückchen kreuz und quer verteilt auf die Flasche kleben. Nach dem Trocknen nimmt das Papier eine zarte Gelbfärbung an und sieht aus wie „gealtert". Der Klebstoff verleiht der Oberfläche einen leichten Glanz. Überziehen Sie die ganze Flasche mit Wasserglas.

3 Häkeln Sie mit den Fingern aus orangefarbenem Wickeldraht von der Spule ein Netz, das oben 10 cm und unten 50 cm breit ist.

4 Befestigen Sie dieses Netz am oberen Rand des Flaschenhalses.

Flaschengeist

5 Damit die Blüten länger halten, werden die Stielenden in Wachs getaucht. Dann werden sie mit Verdunstungsschutzspray eingesprüht.

6 Ordnen Sie an den Seiten des Werkstücks die Ranken von Baumwürger und Pfeifenwinde an. Die orangegelben Vanda-Orchideen werden anschließend so hinzugefügt, dass sie aus der Flasche zu quellen scheinen. Sie werden mit dem Draht des Netzes fixiert.

Schwebende Blüten

Designer
Per

Materialien
Rohrkolben (Typha latifolia)
Bärengras (Xerophyllum asphodeloides)
Paradiesvogelblume (Strelitzia reginaea)
Nelke (Dianthus caryophyllus)
Flamingoblume (Anthurium andreanum)
Wickeldraht
Kabelbinder
Reagenzgläser

Design Hier ging es darum, den Charakter der Pflanzenmaterialien zu zeigen, ohne den Blick durch den Raum zu beeinträchtigen. Auf diese Weise gelingen mit recht wenig Material auch große attraktive Raumdekorationen, die lange halten. Welke Blüten können einfach ersetzt werden. **Technik** Viel mehr, als Blumen in Vasen zu stellen, muss man für dieses Arrangement nicht können. Wichtig ist nur, Drähte und Glasröhrchen sorgfältig zu befestigen. **Ausdruck** Leicht, transparent und schwebend. Besucher werden sich fragen, wie das möglich ist. Dieses Arrangement wertet nicht nur den Raum auf, sondern auch die Blumen.

1 Spannen Sie Drähte in Abständen von 15 cm von der Decke zum Boden. Silberner Wickeldraht ist fast unsichtbar. Die Reagenzgläser werden mit Kabelbindern an den Drähten befestigt. Legen Sie zwischen Glas und Draht je einen Typha-Blatt, damit die Röhrchen nicht auf dem Draht verrutschen.

2 Auch die übrigen Materialien werden mit Kabelbindern befestigt. Bringen Sie die Strelitzienblätter schräg an, damit es aussieht, als würden sie fliegen. Sie halten ohne Wasser sehr lange und werden auch beim Trocknen nicht unansehnlich.

3 Sämtliche Blätter werden nicht in Wasser gestellt, sondern dürfen natürlich trocknen. Vermeiden Sie gerade, senkrechte Linien, damit das Arrangement locker und dynamisch wirkt.

4 Füllen Sie die Glasröhrchen mit Wasser und stellen Sie die Blüten hinein. Sie werden nicht gleichmäßig angeordnet, sondern – wie die Blätter – locker, schräg und in verschiedene Richtungen, sodass Stiele und Blätter sich mehrfach überkreuzen.

Lebende Lampe

Designer
Max

Materialien
Gebleichtes Silberblatt (Lunaria annua)
Binsenkaktus (Rhipsalis)
Perückenstrauch (Cotinus coggygria)
Flamingoblume (Anthurium andreanum)
Passionsblume (Passiflora)
Lampionblume (Physalis alkekengi)
Fuchsschwanz (Amaranthus caudatus)
Blauregen-Früchte (Wisteria)
Pfeifenwinde (Aristolochia)
Wunderbaum-Früchte (Ricinus communis)
Ranken von:
Kiwi (Actinidia)
Hortensie (Hydrangea)
Weintrauben (Vitis vinifera)
Brombeere (Rubus fruticosus)

Design Dieser organische Lampenschirm wird mit zarten, transparenten Silberblatt-Häutchen beklebt. Sie erzeugen ein warmes Licht und werfen interessante Schatten. Die abwärts gerichteten Linien der Blumen geben dem Werkstück Struktur und eine interessante Dynamik.
Technik Sie benötigen einen fertig gekauften Lampenschirm aus Papier, der mit den Silberblatt-Samenständen beklebt wird. Die Enden aller Stiele werden gewachst, um die Haltbarkeit zu erhöhen. Die Blüten werden als Akzent eingefügt und mit Nadeln befestigt. Auf diese Weise sieht das Werkstück interessanter aus und wirft ein reizvolles Schattenmuster auf die Wände.
Ausdruck Hier ging es uns darum, den Raum weniger steril wirken zu lassen und ihm Atmosphäre zu verleihen.

1 Lösen Sie aus den gebleichten Lunaria-Samenständen die silbrigen Zwischenhäutchen und sortieren Sie alle unbeschädigten aus. Schieben Sie aufgeblasene Luftballons in den Papier-Lampenschirm, um ihn zu stabilisieren. Dann werden die Silberblatt-Häutchen in gleichmäßigem Muster aufgeklebt. Wenn der Klebstoff trocken ist, überziehen Sie die Oberfläche mit Lack und entfernen die Ballons.

2 Auf den Fuß der Lampe kleben Sie mit Tapetenkleister Stücke von handgeschöpftem Papier. Der Kleister muss 24 Stunden durchtrocknen, dann wird der Fuß mit flüssigem Wachs überzogen, um die Oberfläche zu glätten und zu schützen.

3 Befestigen Sie nun Kiwiranken am Lampenschirm. Die Struktur soll nicht zu kompakt ausfallen, weil später in die Lücken Blumen gesteckt werden.

4 Wenn die Grundkonstruktion fertig ist, werden die übrigen Materialien eingearbeitet. Fixieren Sie zuerst die schwereren Materialien mit dünnen Nadeln, um die luftige Wirkung zu wahren. Die Enden der Stiele wurden vorher gewachst und werden nun mit Verdunstungsschutzspray eingesprüht.

Kraft und Ruhe

Designer
Tomas

Materialien
Silberpappel (Populus alba)
Efeutute (Scindapsus pictus)
Holzbrett
Frischhaltefolie
Floristik-Kaltkleber
Tongranulat

Design Hier bestand die Herausforderung darin, ein Arrangement zu gestalten, das in einem hohen Eingangsbereich direkt vor einem Fenster stehen sollte. Das Werkstück bildet die einzige Dekoration in dieser Eingangshalle und muss sich daher an den Stilvorgaben des Raums orientieren. Neben der Höhe haben wir auch die Farben und Texturen berücksichtigt.
Technik Die Hauptarbeit besteht darin, die Blätter mit Kaltkleber auf den Sockel zu kleben. Florale Dekorationen in Dielen und Eingangshallen sollten pflegeleicht sein – Efeutute bietet sich dafür an. Die Pflanze wird auf Tongranulat gestellt, damit die Wurzeln nicht durch Staunässe faulen.
Ausdruck Der schwere, massive Sockel verleiht diesem Arrangement seine starke Ausdruckskraft. Es steht in der Halle wie ein einsamer Wachposten. Die hängende Efeutute steuert einen etwas weicheren Aspekt bei.

1 Die Blätter dürfen nur mit Kaltkleber, nicht mit Heißkleber befestigt werden, sonst versengen sie und werden braun. Der Eingangsbereich ist recht hoch, darum war auch ein hoher Sockel erforderlich.

2 Hüllen Sie den Sockel in Frischhaltefolie und kleben Sie die Silberpappel-Blätter einzeln auf.

3 Sägen Sie einen Ring aus Holz aus, den Sie ebenfalls mit Blättern bekleben. Er soll 25 cm größer als der obere Schalendurchmesser sein, damit ein Rand übersteht. Der Ring wird auf die Schale aufgelegt, sodass sie mit dem Sockel eine optische Einheit bildet.

4 Nun pflanzen Sie die Efeutute in den Topf und stellen diesen auf den Sockel. Stellen Sie die Pflanze auf Tongranulat, um eine gute Wasserversorgung zu gewährleisten und gleichzeitig Staunässe zu vermeiden. Auf diese Weise sorgt die Pflanze für eine harmonisch fallende Linienführung.

Natürliche Freunde

Designer
Tomas
Materialien
Helikonie (Heliconia)
Plattenmoos
Holzfurnier
Glasvase
Heißkleber
Zeitungspapier
Klebeband
Frischhaltefolie
Tongranulat
Sprühkleber

Design Diese dekorativen, natürlichen Vasen passen sehr gut zur Raumumgebung. Optische Harmonie entsteht vor allem durch die Kombination aus dem Holzfußboden, den braunen Wänden und den hohen Fenstern. Das Werkstück wirkt stark und ausdrucksvoll und ist gleichzeitig perfekt auf das Interieur abgestimmt.
Technik Die Hauptarbeit besteht hier im Bekleben der Vasen mit Holzfurnier. Die Pflanze wird einfach in das Granulat gestellt und zum Wässern herausgenommen.
Ausdruck Die beiden „Naturfreunde" vor dem Fenster schlagen eine Brücke zwischen dem Leben drinnen und draußen. Auch die positive Beziehung zwischen Menschen und Pflanzen wird hier auf attraktive und gefühlvolle Weise zum Ausdruck gebracht. Wir müssen nur lernen, uns dieser Beziehung zu öffnen.

1 Wählen Sie eine Vase mit charaktervoller Form, die zum Stil des Raumes passt. Die Vasenform spielt eine wichtige Rolle für die Harmonie eines floralen Werkstücks mit seiner Raumumgebung. Die beiden Vasen nehmen hier Bezug auf die hohen Fenster.

2 Die Vase wird zunächst in Frischhaltefolie gewickelt, um sie zu schützen und die anschließenden Arbeitsschritte zu erleichtern. Danach wickeln Sie sie in Zeitungspapier. Sprühen Sie das Papier mit Klebstoff ein und drücken Sie es an die Vase, als würden Sie Tapete an eine Wand drücken. Auch die Ecken des Zeitungspapiers sorgfältig einsprühen.

3 Reißen Sie das Furnier in Laufrichtung der Maserung in lange, schmale Streifen. Die Streifen dürfen gern unterschiedlich breit sein, dadurch wirkt das Werkstück nur natürlicher. Sind einige Streifen vorbereitet, befestigen Sie sie mit Heißkleber auf dem Zeitungspapier. Orientieren Sie sich dabei am Vorbild der Natur: Kleben Sie die Streifen senkrecht auf und lassen Sie sie hier und da überlappen.

4 Auch der innere Rand der Vase wird mit Furnier beklebt. Füllen Sie dann Tongranulat in die Vase, das später der Helikonie Halt gibt und sie mit Feuchtigkeit versorgt. Stecken Sie einige Holzstäbe senkrecht in das Granulat, um den hohen, säulenartigen Charakter zu betonen. Decken Sie die Oberfläche des Granulats mit einigen Polstern Plattenmoos ab.

Verstrickte Schönheit

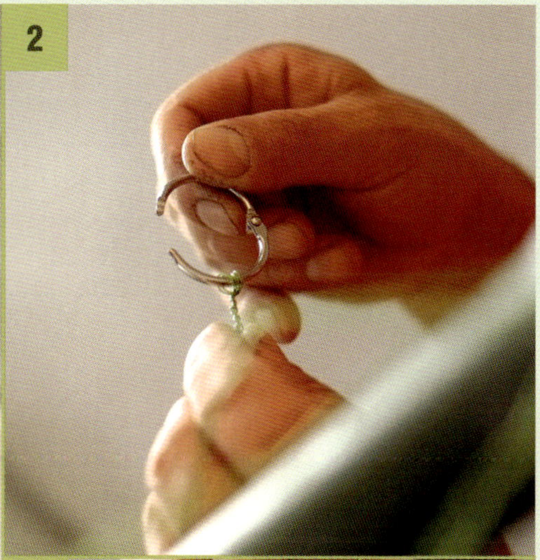

Designer
Max

Materialien
Passionsblume (Passiflora)
Verschiedene Waldreben (Clematis)
Purpurwinde (Ipomoea purpurea)
Wolfsmilch (Euphorbia)
Holzbrett
Bambusstangen (2 Stückje 2 m)
Säge, Bohrer
Holzleim
Wickeldraht
Reagenzgläser

Design Das Netz für diese dekorative Hängematte wird aus feinem Draht mit den Fingern gehäkelt. Dann werden verschiedene Pflanzenranken eingeflochten.
Technik Zuerst wird die Halterung mit den Bambusstäben vorbereitet, damit Leim und Farbe trocknen können. In der Zwischenzeit fertigen Sie das Netz an. Dabei häkeln Sie den Draht jeweils durch zwei Schlaufen. Entfernen Sie von den Ranken den größten Teil der Blätter. Dann stecken Sie die Ranken in die Reagenzgläser, die in dem Netz befestigt werden.
Ausdruck Unser Anliegen war, ein sommerlich-natürliches Werkstück zu schaffen, das beispielsweise in einen Raum mit einem Swimmingpool passt. Die verschiedenen Rosa-, Violett- und Blautöne sowie die roten Akzente bilden einen interessanten Kontrast zu dem grünen Netz.

1 Stellen Sie einen Fuß aus Holz her und streichen Sie ihn. Dann bohren Sie zwei schräge Löcher in das Holz, deren Durchmesser der Dicke der Bambusstäbe entspricht. Schneiden Sie zwei Stücke Bambus von 2 m Länge zu und sägen Sie sie im gleichen Winkel ab, in dem Sie die Löcher ins Holz gebohrt haben. Leimen Sie die Stäbe zusammen und lassen Sie sie trocknen.

2 Häkeln Sie mit den Fingern (nicht mit der Häkelnadel) aus Wickeldraht ein Netz von 2 m Länge und 80 cm Breite. Am Ende arbeiten Sie drei Schlüsselringe ein. Bohren Sie durch jeden der Bambusstäbe auf 1,5 m Länge seitlich ein kleines Loch, durch das Sie ein Stück des grünen Drahtes schieben. Befestigen Sie an den Drahtenden einen Schlüsselring.

3 Verbinden Sie die Ringe am Netz durch weitere Ringe mit denen an den Drahtenden, sodass allmählich eine Hängemattenform entsteht.

Verstrickte Schönheit

4 Schieben Sie Reagenzgläser in die Hängematte und füllen Sie sie mit Wasser. Bei Bedarf können Sie später weitere Gläser hinzufügen.

5 Nun werden die Enden der Ranken in die Reagenzgläser gesteckt und die linearen Triebe dekorativ drapiert. Verteilen Sie die Materialien nicht zu gleichmäßig, sondern fassen Sie sie zu Gruppen zusammen. Fülligere Gruppen werden in der Mitte platziert, andere Bereiche werden sparsamer ausgestaltet. Wenn Sie zwischen den Blüten reichlich Platz lassen, sieht es aus, als würden sie ganz natürlich wachsen. Um eine Verbindung zum Gestell zu schaffen, befestigen Sie einige Ranken an den Bambusstäben, so als ob sie daran hoch wüchsen.

Zukunft, Floral Design, Anleitungen
Per Benjamin (SE)
Max van de Sluis (NL)
Tomas De Bruyne (BE)

Geschichte
Per Benjamin (SE)

Zeichnungen
Katty Kim (Korea)

Fotografie
Kurt Dekeyzer (BE)
Helén Pe (SE)
Pim van der Maden (NL)

Lektorat der deutschen Ausgabe
Dr. Nadja Kneissler (D)

Layout und Reprografie
Graphic Group Van Damme, Oostkamp (BE)

Druck
Graphic Group Van Damme, Oostkamp (BE)

Herausgeber der deutschen Ausgabe
Eugen Ulmer KG
Wollgrasweg 41, 70599 Stuttgart (Hohenheim)
E-Mail: info@ulmer.de
Internet: www.ulmer.de
Umschlagentwurf: red.sign, Anette Vogt, Stuttgart
Printed in Belgium

Herausgeber der englischen Ausgabe
Stichting Kunstboek bvba
Legeweg 165, 8020 Oostkamp (Belgium)
E-Mail: info@stichtingkunstboek.com
Internet: www.stichtingkunstboek.com

Bibliografische Information der Deutschen Nationalbibliothek
Die Deutsche Nationalbibliothek verzeichnet diese Publikation in der Deutschen Nationalbibliografie; detaillierte bibliografische Daten sind im Internet über http://dnb.d-nb.de abrufbar.

Übersetzung aus dem Englischen von Wiebke Krabbe

ISBN-13: 978-3-8001-4960-5
ISBN-10: 3-8001-4960-5

Per betreibt die Firma Benjamins Botaniska in Stockholm. Er gewann mehr als 10 Medaillen in nationalen und internationalen Wettbewerben. Weltmeister (2002) und Gewinner der Skandinavischen Meisterschaft (2003). Ausstellungen, Seminare und Demonstrationen in aller Welt.
per@life3.net

Max, geboren und aufgewachsen in den Niederlanden, hat ein Blumengeschäft in Seeland und arbeitet für Firmen weltweit. Er belegte bei den Weltmeisterschaften 2002 den dritten Platz und gewann den zweiten Preis bei den Europäischen Meisterschaften. Ausstellungen, Seminare und Demonstrationen in aller Welt.
max@life3.net

Tomas, Belgischer Meister, hat sein Blumengeschäft in Wenduine, Belgien. Bei den Weltmeisterschaften 2002 erreichte er den fünften Platz und gewann den 'Quality and Freshness Award' für die beste technische Arbeit. Ausstellungen, Seminare und Demonstrationen in aller Welt.
tomas@life3.net

life3

Life3: Emotionen, Kreativität, fachmännisches Können und Kommunikation. Dieses Team aus drei Meister-Floristen möchte mit Blumen emotionale Brücken zwischen Menschen schlagen, die internationale Sprache der Blumen in die Welt tragen und so ein großes Publikum erreichen. Life3 stellt weltweit aus, führt Demonstrationen durch, gibt Seminare, veröffentlicht Bücher, bildet aus, setzt Trends in der Floristik und vieles mehr.

a bundle of creativity www.life3.net